JN124145

中学３年の頃（P9）六甲のロックガーデンにあるゲートロックにて。

五月の奥穂高山頂（P31）より。前穂高へ続く吊尾根で正面が前穂高。尾根通しに登った。

穂高岳周辺（P31）奥丸山より穂高岳西面（飛騨側）を望む。

穂高岳（P29）前穂高北尾根の５峰、６峰のコルから涸沢岳を望む。

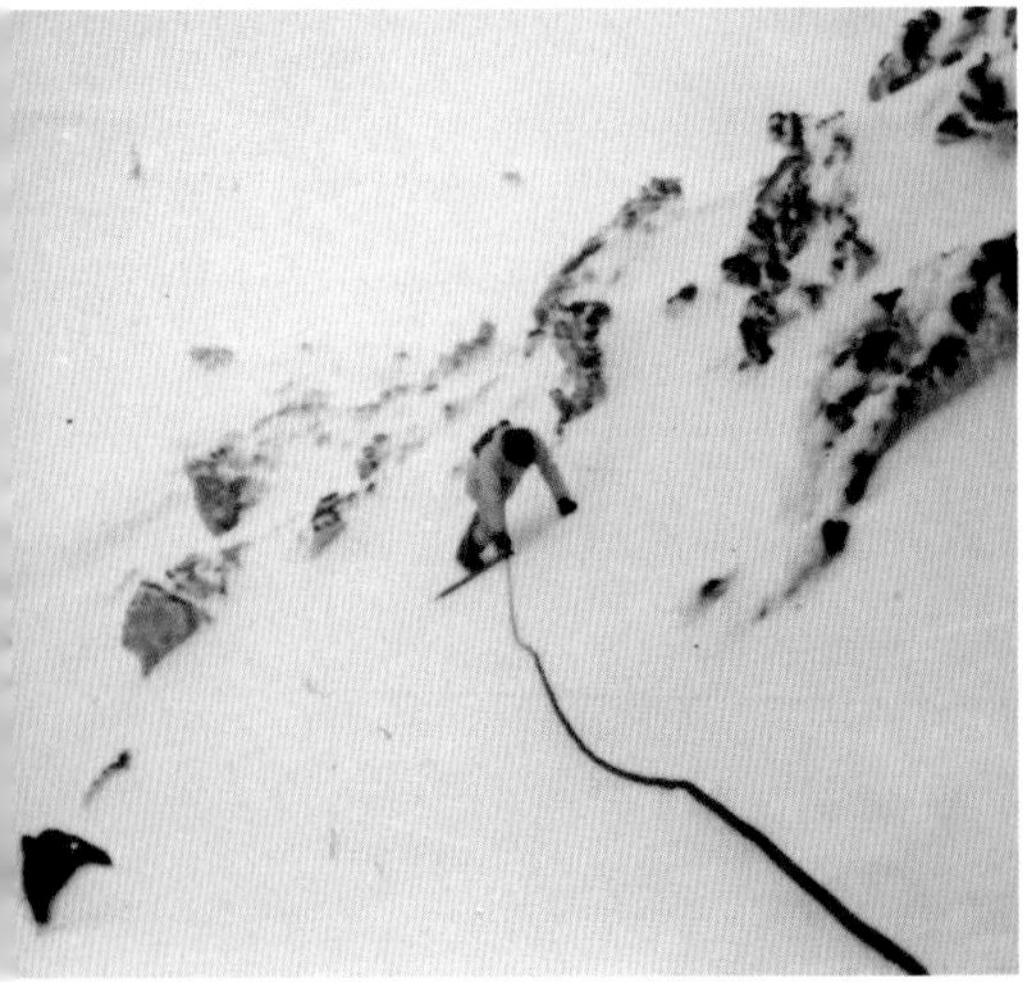

槍ヶ岳（P31）頂上にはロープを付けて
氷結した岩壁を登った。登ってくるのは
後藤君。

槍ヶ岳（P31）槍の肩の冬季避難小屋から
槍ヶ岳頂上を望む。完全な氷壁になっていた。

槍・穂高周辺（P46）奥穂高岳のジャンダルム
飛騨尾根。

木曽駒ケ岳（P45）木曽駒の上松道より宝剣岳。

黒部五郎岳（P128）三俣蓮華小屋から黒部源流に下りて奥の廊下を下降。下り口から黒部五郎岳が正面に見える。本当にきれいな山である。前日の天気が返すがえすも残念。

白山（P109）黒百合。白山は至るところに黒百合が咲いていた。

開聞岳（P132）長崎鼻の海岸から開聞岳を望む。

巻機山（P138）の米子沢を登る。一見急だが、ホールドも多く、簡単に登れる。

鷲羽岳（P149）鏡平から槍ヶ岳を望む。夜明けの山々が池に映って素晴らしい。

五竜岳（P157）の夜明け。
頂上近くに白い月が残る。

阿蘇山（P155）の一部である根子岳に登った。
天狗岩は地震で大きく崩れているが、岩峰と
紅葉の組み合わせは美しい。

斜里岳（P173）
羅臼岳から阿寒岳に
向かう途中から見た
斜里岳。綺麗な形を
した山である。

八甲田山（P196）
下毛無岱。遠くに
百名山最後の岩木
山が見える。

いくつになっても山は楽しい

百名山をめぐる60年

戸田祐一
Yuichi Toda

風詠社

目次

はじめに

私は日本百名山というものを馬鹿にしていた。

その私が、なぜ副題とはいえ「百名山をめぐる60年」と題する本を書くことになったのか、そのいきさつを最初に述べたいと思う。

言うまでもなく日本百名山とは、深田久弥が自分の登った全国の山の中から百山を選んで１９６４年に『日本百名山』を刊行したことが始まりである。これは山岳紀行文としては面白いし、当時の山の様子もわかる。しかし、この本は山登りという点では目新しいものはないので、山岳界ではあまり注目されず、むしろ文学として評価されて読売文学賞を受けている。

刊行後30年も経った１９９４年にＮＨＫで『深田久弥の日本百名山』が放映され、そこから百名山ブームが起こったらしい。山のことは知らなくても「百名山」という言葉は知っているという人が増え、特に中高年の登山ブームと相まって、百名山を全て登るということが中高年の登山者の一種のステータスシンボルのようになってしまった。この風潮は今もなくなっておらず、百名山に関する本は書店に溢れているし、インターネットで検索すれば細かなところまで情報は得られる。山岳ガイドによるツアーの募集も沢山あって、結構高額だがそれでも盛況である。多くの人が山に登ることは結構なことであるが、このようなブームに乗るということは私の趣味に合わない。「登山が趣味です」と言うと、「百名山は登られましたか」と聞かれるような風潮は我慢がならず、それが「馬鹿にしていた」理由であった。百名山以外にも素晴らしい山は沢山あるし、そもそも何が素晴らしいかということ自体、それぞれの登山者の好みや経験によるわけで、こうした個人の好みの問題に、基準を設けるというような風潮には反発を感じていた。

とはいえ、百名山に取り上げられた山には素晴らしい山も多く、結果的にはかなりの数の百名山を意識せぬまま登っていた。若い頃に（結果的に）登った百名山は、バリエーションルートからや、積雪期に登ったものが多い。バリエーションルートというのは、登山道がない尾根や沢を国土地理院の地形図やわずかな記録をもとに登るルートで、一般的には岩登りの技術など山登りの総合的な知識・技量が必要になる。積雪期登山も同様で、道があっても全て雪に覆われてしまうので、自分で登路を見つけて行かねばならないし、当然のことながら、アイゼンやピッケルといった氷雪技術、雪崩などの知識が必要になる。中高年になってからは、さすがに通常の登山道から登るということが増えたが、百名山完登を目指すというようなことは全く考えなかった。

ところが66歳になって転機が訪れた。66歳直前までは、まだバリエーションルートを登っていたが、6月に仕事をリタイヤして、40年間住んだ神奈川県から、故郷の兵庫県芦屋市に戻った後の人間ドックで食道がんが見つかり、食道をほぼ全て摘出するという大手術を受けた。幸い早期発見だったので、声も残り、抗がん剤治療もせずに済んだが、体重は20％も減少し、体力は大幅に低下した。しかし何とか山登りに復帰したいという思いは強かった。

入院中に起こった出来事はお見舞いにもらった『鳥瞰図で楽しむ日本百名山』という本を見ているうちに、これまでの半世紀の登山人生において、何度も繰り返し登った山はあるが、百名山と名の付く山は約3分の1に過ぎないことに気が付いた。とはいえ、数は少ないが中高年にとっては難しいと言われる山々はほぼ網羅していて、もし再び山に登れるようになれば、残りの山に登ることを差し当たり目標にして、リハビリに励もうと思うようになった。

転移はなかったとはいえ、5年位は再発の可能性もあるし、そもそもあと数年で古稀を迎える。体力も随分落ちているので、山に登ること自体できるかどうか不明だが、百名山は北の利尻島から南は屋久島まで広い地域にあるので、旅行して下から見上げるだけでも良いかもしれない。いずれにしても軽い山歩きはリハビリには良いだろうし、やるからには何か目標があったほうが良いだろう。そのような思いで、百名山だけを登るわけではないが、少しずつ百名山の割合を増やしていくことにした。幸い、がんの再発もなく無事5年を経過し、体力も発病前と同じとは言えないが、7割くらいまでは回復した。ちょうど後期高齢者となる75歳は、登山を始めた14歳から61年目に当たる。それまでに、百名山を登り切ろう、そして今までの山登りの締めくくりとしようと思うようになった。そのようなわけで、拙書は百名山を中心にした、私の登山人生の一つの総括であるとともに、がんからの回復の記録でもある。

以下の登山の記録はその山に最初に登った時のものである。同じ山に何度も登っている場合、初めて登った時の印象が一番深いとは言えないが、私の登山者としての人生の軌跡を残す意味であえて最初の登頂日の記録を記載した。なお、拙書ではお世話になった先輩や先生方、すでに亡くなった方は実名を出させていただいたが、その他の方は「A田」のような仮名にさせていただいた。これはプライバシーを考慮したためであるが、逆に、お世話になった方々には失礼にあたる面もあると思う。ご寛恕を得たいと思います。

第1章
山登りを始めた頃

私が山登りを始めたのは、神戸の灘中学校のスキー登山部に入部した時からである。

当時から灘中はいわゆる進学校で優秀な同級生も多かったが、私の成績は鳴かず飛ばずで、毎日のように裏山に当たる六甲山のロックガーデンで餓鬼どもと遊び回っていた。要するに子供気分が抜けていなかった。たまたま、友人たちと夏休みに六甲でキャンプをしたことを契機に山登りに熱中して、スキー登山部に入りたいと言い出した。当時はマナスルの初登頂を契機に登山ブームが沸き起こり、登山部を持つ中学、高校は珍しくなかった。

灘中は中高一貫校であり、登山部は高校生が主導する結構レベルの高いものであった。もともと旧制中学以来の伝統があったため、戦後早々から活動を始めており、当時の記録を読むと、高校としては非常に先鋭的な登山をしている。１９５０年（昭和25年）の春山、３月に高校を卒業した先輩がまだ大学入学前であったにもかかわらず、神戸大学の山岳部の春山合宿に参加し、槍ヶ岳東鎌尾根の赤岩岳で雪崩に遭い遭難死された。このことから山岳部は一度なくなったが、危険なことはしないということで名前を「スキー登山部」と変更して再発足した。とはいえ、間もなく岩登りや簡単な雪山を始めるようになり、大分程度は落としたが高校生の登山としては名門校となっていった。

母親はそうした事情は知らなかったが、私が登山をすることには大反対で、許可してもらえなかった。登山というのは装備や旅費など、結構お金のかかるスポーツだから、お金を出してもらえなければどうにもならず、鬱々としていたが、中学3年になって、「大学に入ってからは山岳部に入りません」という約束をして、ようやくスキー登山部に入部することができた。

1　空木岳（うつぎだけ　2864m　中央アルプス）　1960年8月6日　14歳

中学3年15歳になる直前、ようやくスキー登山部（以下登山部）に入部が叶った。

当時の灘の登山部は人数も多く、夏山は南アルプスに2隊、中学生主体の中央アルプスに1隊が出かけた。私はもちろん第3隊で、中央アルプスの縦走である。今はない飯田線の赤穂駅からバスに乗って伊勢滝まで行き、そこから宝剣宮田小屋（現在の宝剣山荘）まで登り、ここに荷物を置いて木曽駒ヶ岳に向かった。

途中から夕立になって頂上直下の宮田小屋に駆け込んだ。しばらく様子を見たが、雨は止まず、小降りになったところで木曽駒ヶ岳頂上は諦めて、宝剣宮田小屋に戻った。当時の小屋代は2食付き350円。お米2合を持って行けば100円安くなるというもので、当然米を担いで行った。食事もご飯とみそ汁のみというもので、今では考えられないが、当時はどこもこのようなものであった。なお、この時に登ったコースは今でも残っているらしいが、バスはなくなり、長時間の林道歩きが必要なようだ。千畳敷にロープウエーが出来たのは1967年で、それ以降このコースは廃れてしまった。

翌朝は素晴らしい天気で、宝剣岳の岩稜を越えて最初は快調に進んだが、無人小屋泊の装備、食料を担いでいたので、途中の檜尾岳辺りですっかりバテてしまった。ガス（霧）も出てきて雨になるかと思ったが、幸い雨になる前に木曽殿越小屋に着いた。今は立派な営業の小屋があるらしいが、当時は無人の小屋で、這松の枝を切って薪とし、これを燃やして飯を炊いた。当時も登山用の灯油ストーブはあったが、高校生の長期縦走組が持って行ってしまい、中学生は薪と缶詰の固形アルコールだけが燃料であった。寝具は毛布か朝鮮戦争で米軍が使った寝袋の放出品でとにかく重たかった。それでも飯を食べると元気になり、馬鹿話に興じた。

いよいよ3日目が空木岳の登頂と下山である。朝から焚火をして飯を炊くので、時間がかかり出発が遅れた。空木岳の頂上に着いた時には昼近くなっていたので、昼食もそこそこに池山尾根を下った。そこから先のことはあまり記憶にないのだが、赤穂か駒ヶ根の駅前の食堂でラーメンを食べたことを覚えている。食い盛りの中学生なので、当然一杯ではもの足りず、予備食で持ってきたチキンラーメンを丼に入れてお湯をもらって食べた。中学生にこうしたことを許してくれた食堂のおじさんや、臆面もなくチキンラーメンをザックから取り出した中学生たち、古き良き時代の思い出である。

そういえば、当時の登山の服装はというと、ズボンはすり切れて光っている学生服のズボン、シャツは鉤裂きを直したYシャツ、帽子は麦わら帽か学帽、高校生は皮の登山靴だったが、中学生はキャラバンの布製登山靴であった。それも山に入るまではもったいないというので、下界ではすり減った下駄を履いていた。ひどい格好だが、このバンカラ風がカッコ良いと、ほぼ全員が似たりよったりの姿であった。更に思い返すと、当時は校則で中高生は全員頭は丸刈りであった。

いずれにしても、これが私にとって最初のアルプスと名の付く高山の登山であり、同時に私の百名山の最初の山で、それから60年も山登りが続くとは、もちろん当時は思いもしなかった。

日本アルプスについて――

これ以降、先の空木岳を含めて日本アルプスの山々がよく出てくるので、最初に日本アルプスについて簡単に説明しておきたい。その前に日本百名山ではどのような扱いになっているかを見てみよう。

深田氏の「百名山」のうち、北海道の山は9山、四国は2山、九州は屋久島を入れて6山なので残り83山が本州である。更にそのうちで北アルプスは16山、中央・南アルプスは13山で日本アルプスは合計29山と百名山の約3分の1を占めている。2500m以上の高山は百名山では34山あるが、日本アルプス以外でこれに該当するのは日光白根山、浅間山、蓼科山、八ヶ岳、金峰山、富士山、白山の7山だけなので、2500m以上の高山の27山は日本アルプスということになる。つまり29山中27山が高山の部類に入る。高山の定義から漏れたのは焼岳（2455m）と恵那山（2191m）の2山だが、漏れたとはいえ結構な高山である。つまり日本アルプスは山の数では百名山の3割程度だが、そのほとんどが高山で技術的には百名山の核心をなしていると言っても良いだろう。

前置きが長くなったが、日本アルプスの説明に戻りたい。学生時代に「フォッサマグナ」という言葉を聞いたことを覚えている方も多いと思うが、これは東日本と西日本との境目で大きなU字形の窪みであって、その西の端が糸魚川静岡構造線と言われる大断層である。南から見ていくと、静岡県の富士市辺りから身延線沿い（富士川沿い）に北上し、甲府辺りから中央線に沿って諏訪、松本へ、更に松本からは大糸線に沿って北上して糸魚川に至るルートと考えれば概ね正しいと思う。この線の西側に聳える山々が「日本アルプス」と言われる日本最大の山岳地帯である。

これをもう少し詳しく見ると、静岡から甲府への身延線を東の端とし、甲府から諏訪湖までの中央線を北の端とする山塊が赤石山脈で通称「南アルプス」である。この山脈の西側は諏訪湖から流れ出る天竜川沿いの飯田線であって、その西側に聳えるのが木曽山脈で「中央アルプス」と呼ばれる。「北アルプス」は飛騨山脈と言われるが東は大糸線、北は日本海で挟まれた山塊で親不知の海岸から南下して最終的には中央アルプスと木曽川を挟んで南下することになる。

つまり北アルプスの南部では、西から飛騨川～北アルプス～木曽川～中央アルプス～天竜川～南アルプス～富士川と、日本を代表するような河川と山脈が並走することになる。したがって、この辺りが日本の登山の主要舞台になることは当然と言えよう。なお、北アルプスは北を上にY字を書いたように北の方では２本の山脈に分かれている。西側は剱岳、立山、薬師岳などを連ねる広義の立山連峰で、東側は白馬岳、鹿島槍ヶ岳などを連ねる後立山連峰である。この二つを分けているのが黒部川で、日本最大の山岳河川と言ってもよいと思う。この中ほどに黒四ダムが作られ、日本有数の山岳観光地になったことは周知の事実である。この二つの連峰は三俣蓮華岳（百名山ではない）で合流して、あとは槍ヶ岳や穂高岳を経て乗鞍岳、御嶽山まで続いている。

もう一つ、日本の山を考える上で無視できないものに「中央分水嶺」がある。これは表日本と裏日本を分ける背骨の稜線であって、青森県から山口県までつながっている。この稜線の上に降った雨は数㎝の違いで、日本海に向かって流れる川へと向かうか、太平洋に向かうかが分かれる。本州島は北東から南西に向かっているので、この背骨も北東から南西に続いている。このため冬季にはシベリヤからの風と日本海の水蒸気で多量の雪が作られ、山脈の日本海側（裏日本）に大量の雪を降らせる。雪を降らせた後の風は分水嶺を越えて表日本へ吹き下るので、冬の表日本は乾燥した晴れの日が続き、いわゆる表日本と裏日本の気象になる。

これが日本アルプスの概要だが、言葉だけではわかりにくいかもしれない。地図を見ながら読んでいただけるとわかりやすいと思う。

2 水晶岳（すいしょうだけ　2986m　北アルプス）1962年8月8日　16歳

空木岳から帰ってから、いよいよ本格的に登山の訓練を受けることになった。ロープを付けて登る本格的な岩登りを始めたのも、この頃からである。冬休みには志賀高原で初めてスキーを習った。当時、スキーは雪山を登るための必須の技術と考えられていたため、格好良く滑るというより、重荷を背負って滑るということが訓練の目的であった。

現在のサンバレースキー場の小屋に泊まって手ほどきを受けた。1週間ほどの訓練の後、中学生は帰宅したが、高校生は熊の湯の前山リフトの奥の林の中にテントを張って雪山の訓練をしていた。私はわずか1週間のスキーの訓練で3月には乗鞍岳に行った。高校生はテントと雪洞の生活。中学生は冷泉小屋に泊まって、順番に1泊か2泊はテントに泊まった。雪洞の中から満月を眺めて、一人前のアルピニストになったような気分になった。天候の悪い時は位ヶ原でスキーの練習をした。快晴の一日、全員でスキーにシールを付けて肩の小屋まで登り、中学生はそこで待機、高校生はアイゼン、ピッケルの装備で頂上を往復した。初めて雪の穂高を眺め、広大な斜面を滑る快感は何とも言い難く、ますます山にのめり込んだ。これが中学最後の年である。

高校1年になり、夏山は北アルプスの蓮華温泉から朝日岳、雪倉岳を経て白馬、唐松方面の縦走であったが、台風につかまり、雪倉岳を越えたところで、メンバーの1人が大きなキスリングのザックを飛ばされ、私などは低体温症の手前まで行き、ほうほうのていで引き返して朝日小屋に逃げ込んだ。山登りの成果は朝日、雪倉の登頂という程度でほとんどなかったが、この経験は以降の山登りにとって有形、無形の教訓となった。このような経験をしても山を止めようとは全く思わず、むしろますますのめり込んだ。高校2年になる前に私は中・高全体のＣＬ（チーフリーダー・主将）になり、3月には八方尾根の上部にテントを張り、唐松岳に登った。高校生の雪山としては当時、県の高校間では話題になるくらいのレベルの登山であった。

前置きが長くなったが、この年の夏山は新穂高温泉から双六、三俣蓮華を通って黒部川の源流を下り祖父沢の出合にベースキャンプを張り、黒部の源流で沢登りをしようというものであった。このキャンプ地は河岸段丘の上にあり、草原にシラビソの散在する素晴らしい場所で、結局ここに4泊することになった。到着した翌日は祖父沢を登って「天上の楽園」と言われていた雲ノ平に出た。ここから薬師沢出合まで下り、更に黒部川を遡ってテント地に戻った。薬師沢出合から上流の黒部川は特段難しいところはないが、それでも腰くらいまでの渡渉がある。現在も人気のある赤木沢に行くには薬師沢出合から、このルートを1時間ほど登らねばならない。このことも、当時は高校登山部としては、それなりに話題になったようだ。その次の日は同じように雲ノ平に上がり、祖父岳から水晶岳に登った。黒部源流の沢登りが素晴らしかったので、水晶岳のほうはあまり印象に残っていない。それならなぜ、わざわざ水晶岳に行ったのかということだが、この山は北アルプスの一番奥深いところにあり、しかも縦走路から少し離れていて、一般的にはそう簡単に行けない山であるということ以外理由を見出せない。いずれにしても、当時は意識しなかったが、これが百名山の二山目である。多少印象に残っているのは眼下に雪渓の残る東沢のカールがあり、これがかろうじてアルプス的なところであった。帰路は岩苔乗越から黒部源流を下ってテントに戻った。

その次の日は雨の予報なので、停滞することになった。14時頃から雨が降り出した、夜になると雨はますます激しくなり、私のテントには水が流れ込んできた。西岡先生が飛び出して周囲に溝を掘ってくださったので浸水は止まったが、寝袋はびしょ濡れになり翌朝までほとんど眠れなかった。もう一張の我らのテントには浸水はなく、被害はゼロ。テントを張る場所のちょっとした違いが明暗を分けた。当時のテントは現代のような防水性の高い底が付いているものではなかったので、浸水には極めて弱かった。そのため通常は周りに排水のための溝を掘るものだが、これをサボったことが原因であった。ようやく夜が明けた頃には雨も上がった。全員で寝袋の両端に分かれて水を絞った。数人がかりでやらないと、重たくてとても絞ることはできなかったが、これで大分軽くなった。とはいえ、濡れた寝袋はずっしりと重たかった。

下山は五郎沢を登って黒部乗越に出てそこから三俣蓮華の小屋を経て、伊藤新道を下って湯俣でテントを張った。ここの標高はほぼ下界なので、寒さの心配はない。そのため濡れた寝袋は使わず、着の身着のまま河原の砂の上に横になって眠った。これを書いていて思い出したが、翌日はもう下界だということで、残った食料を全て鍋に入れてカレーをこしらえた。ワカメの入ったカレーを食べたのは、これが最初で最後である。更に翌日は昔のトロッコ道を17㎞歩いて葛温泉に到着。ここからは大町行のバスがある。入浴料30円で共同浴場の温泉に入り、9日間の汗を流した。明るい太陽の下の露天風呂は気持ちが良いが、アブが多くて閉口した記憶がある。伊藤新道は現在廃道となっていて、沢登りの人がたまに通るようだ。

3 大山（だいせん　1729m、弥山は1709m　山陰）1962年10月27日　17歳

夏山から帰ってすぐ、国体予選があった。ほとんどの人は知らないが、現在でも国体には山岳競技という

ものがある。現在ではその内容はスポーツクライミングのみになっているが、この当時は登山そのもので、国体ではオープン種目ということで点数のカウントに入っていなかった。したがって国体に行けば、全国の山岳関係者の交流会のような感じであったが、県代表として誰を出すかとなると、県ごとに予選を行わざるを得ない。

この予選の方法は各都道府県で同じだったかどうかはわからないが、兵庫県では４名でパーティーを作り、六甲の河原にテントを張り、翌日は道のない沢筋を含むルートが指示されて、その通り所定時間内で歩き、途中のポイントでインスペクター（採点員）がチェックするというものであった。また、テントの設営時間、張り方、食料計画なども採点対象で、特にリーダーは食後に筆記試験や面接まであった。これがスポーツの採点かという気もするが、確かに登山のために必要な技術や知識を徹底的に身につけるという意味では有益で、私の以降の登山の基礎を作ったとも言える。結果的には我が部は高校の部の２位で、1位は県立芦屋高校であった。当時のシステムは1位、２位のリーダー（主将）が県代表として国体に参加することになっていたので、私も国体出場選手になることができた。

12月末２回目の登山で、弥山から剣ヶ峰への稜線のナイフリッジ。

国体は岡山県で、蒜山（ひるぜん）高原を舞台に２泊３日で行われた。国体の後、大会本部が希望者には鳥取県の大山までバスを出しますとのことで、芦屋高校の松浦君、監督の兵庫高校の加藤先生と3人で出かけた。大山寺にある国鉄山の会（当時はまだ国鉄）の小屋に泊めてもらい、翌日、弥山の頂上まで登った。下から2時間弱で登ったと記録にある。霧がひどくて何も見えず、当初は剣ヶ峰を通って三鈷峰まで行く予定だったが、取りやめて行者谷を経て下山。小屋に戻ってパッキングをしてバス停には9時半に着いたという記録があるので、当時の歩くスピードはやはり相当早かったと思う。

なお、大山の最高峰は弥山ではなく、剣ヶ峰で20mほど高い。現在は弥山から剣ヶ峰間は崩落が激しく通行止めになっており、大山登山と言えば弥山に登ることである。この時から3年後の1965年12月27日に弥山から剣ヶ峰に登っているので、これが本当の大山登頂日かもしれない。

冬になって脆い岩は凍結し、雪のついた大山の頂上稜線はとても2000m未満の山とは思えない素晴らしいナイフリッジで、写真だけ見ればアルプスの雪稜だと言われてもわからないと思う。

4　乗鞍岳（のりくらだけ　3026m　北アルプス）　1964年3月28日　18歳

国体から帰ってすぐ修学旅行があった。高校2年の秋である。九州に1週間ほど出かけた。この後から、大学受験の準備に大部分の人はかかるのだが、私にとっては高校最後の冬山への準備に忙しかった。この頃が一番体力があった頃で、六甲を40kg担いで歩くことができた。そのため、受験勉強を始めるべきところを普通以上に勉強をしなかったので、この期末試験の結果は惨憺たるもので、生涯でも特筆すべき成績であったが、まだ山への関心が受験よりはるかに高かった。しかし、さすがに高3の夏頃にはこれではいかんと焦り出した。結局、自分の成績を見てみると基礎ができていないことに気が付いて、当面の期末試験の結果に一喜一憂することはやめて、中学3年頃からの教科書や副読本をもう一度、全部読み直した。この結果、自分の躓いている場所がわかり、ようやく勉強に本腰が入ったが、その頃には木枯らしが吹き出していた。それでもこの勉強のおかげで、浪人をせずに大阪大学の基礎工学部機械工学科に何とか滑り込むことができた。なお余談だが、卒業式の時に登山部への貢献ということで、表彰状をもらった。大学も含めて学生時代に表彰状なるものをもらったのは、これが唯一である。

肩の小屋の下の大斜面。左手に見えるのが乗鞍の頂上。

一方、登山部のほうは私より2年下の学年に部員がおらず、恒例の春山は中学3年を卒業したばかりの学年だけで実施することになるので、ＯＢへの支援要請があり、現役入学したＫ納君と2人が参加することになった。受験勉強で半年以上全く山に登っていなかったが、大学入学前に気分転換も兼ねて参加することになった。行先は馴染みの乗鞍岳である。メンバーは中学3年が6名と顧問の西岡先生、それと我々2名である。そのメンバーで1週間以上に及ぶテントと雪洞の雪山がやれただけでなく、乗鞍の頂上にも行けたのだから、なかなか大したものである。連日好天が続き、テントを張った翌日、肩の小屋までシールで登り、そこからピッケルとアイゼンの装備で頂上を目指した。雪の穂高がすぐそばに聳え、最高の気分転換で、無事に登頂。

翌日も翌々日も好天で、畳平から大黒岳やコロナ観測所周辺などをスキーにシールを付けて登り、最後はアイゼンといういわゆる山スキーで、春山の楽しさを満喫した。これが高校時代の最後の山登りとなった。

最後にどうしても一言触れておかねばならないのは、スキー登山部の部長であった西岡豊先生のことである。学校では先生から歴史を教えていただいた。その内容はほとんど覚えていないのだが、中学3年の時だったと思う。灘中学には東洋史という教科があり、西岡先生に教わった記憶がある。通常は日本史とか世界史だけなのに、わざわざ東洋史を1年間やるというのはどのような背景があったのかわからないが、それなりの見識というものがあったのだろう。西岡先生というと、この東洋史を思い出す。先生は、若い時から山登りをしてこられたということではなく、たまたま部長になられたらしい。中学生、高校生の悪童どもと一緒に同じように重荷を背負い、山の中で1週間も10日も生活をともにされた。これだけでも大変なことだが、やはり登山が好きになられたのであろう。その後、山岳指導員の資格も取られ、八十数歳まで兵庫県山岳連盟の常任理事として活躍された。特に国体山岳部門の指導にあたられたとのことで、平成18年の兵庫国体で登山競技部門で男女とも総合優勝を取ることに貢献され、その後35年続けられた理事を退任された。

山の指導者ということでは、特に細かいことを言われず、ほとんど我々の自主性に任されていた。このことが伸び伸びと活動できるもとであったし、高校生としてはかなり程度の高い山行も実現できたのだと思う。この時代、毎年のように国体の山岳部門の県代表になっていたが、これもこうしたレベルの高い山行を自主的に実行することができたからだろう。スキー登山部は昭和61年（１９８６年）に廃部になったが、昭和29年（１９５４年）から30年以上にわたって部長を引き受けていただけた。高校で登山の基礎を学んだことが、今に至るまで生きていることを思うと感謝である。

第2章 大学時代

親に「大学山岳部には入りません」と約束したこともあり、大学に入ってから、今後どのようにして山登りを続けるかが大きな課題となった。幸いにも、国体の時に一緒に行った県立芦屋高校ＯＢの松浦君の紹介で同校ＯＢの後藤君と知り合いになり、５月の連休に西穂高に行った。その後、後藤君とはほとんどの山行をともにするようになり、生涯で一番厳しい山行は彼との数々の山行である。

思い返してみれば、私の入学した大阪大学基礎工学部は１９６１年（私の入学は１９６４年４月）に科学と工学の融合を目指して新設された学部で、初代学部長は代数学の権威であった正田建次郎先生であった。正田先生は大阪大学の総長をされ、その後退官されたが、基礎工学部の発足にあたり、再度学部長として指揮に当たられた。ちなみに正田先生は美智子上皇后の叔父にあたられる。日本の工業が戦後回復を遂げてくると同時に、独自の技術開発力の強化が課題になったということだと思う。関西の経済界もいろいろ支援したようだ。高い理念を持っていたが、発足から3年しか経っておらず、理学部と工学部の寄り合い所帯というようなところがあり、両方の学問を勉強させられた。このため日本で一番必須単位の多い学部で、ただでさえ忙しい理系の中でも飛び切り授業が多かったから、結構勉学に励んだ。もし、運動部に入っていたら、留年は避けられなかっただろう。

したがって、後藤君と組んだ山登りは一番妥当な形態とも言えるが、同時に2人だけということで、危険性も高くかなり真剣に山登りに取り組んだ。なお、学問の体系として基礎工学部の理念がどこまで成功したかはわからないが、私が入学した頃の学生、特に1期生の方々には優秀な人たちが多かったようだ。

アルピニズムについて――

これから書く文章は岩登りや雪山登山の部分があるが、その背景について少し述べておきたい。もともと山に入る人は猟師や木こり、あるいは鉱石を探す人など、何らかの職業的な理由がある人たちで、単なる興味やスポーツとして山に登る人はいなかった。若干の例外として、いわゆる物見遊山と言われるハイキング、もしくは修験道のような宗教的理由で登る人はいたが、険しい山に危険を冒してまで登ろうというような人はいなかった。

これはヨーロッパでも同じであったが、ルネサンス以降の未知への探求という動きから、誰も登ったことのない、一年中雪に覆われ、険しい岩壁に守られたアルプスの峰々に登るという動きが出てきた。ヨーロッパアルプスの最高峰モンブランの初登頂は１７８６年である。最後まで残ったマッターホルンは１８６５年にウインパーによって初登頂された。

こうして全ての山が登られてしまうと、次には新しいルートから、より険しいルートから登るという「マンメリー主義」と言われる動きが出て来た。それ以前の登山が探検的であるのに対して、よりスポーツ的になってきたわけである。こうした動きの中で、イギリスの宣教師ウェストンや日本人で欧州に留学した人たちによってヨーロッパの登山技術が日本に紹介された。明治30年以降のことである。アルピニズムというのはこうしたアルプス登山のような山登りの在り方、考え方と言えよう。

ただ日本の山は雪線以下であり、氷河はないし、急峻な岩壁や岩尾根は極めて少ないので独特の発展を示した。一口に言えば、頂上と関係がない急峻な岩場を登ることや、冬の雪山を登ることである。言わば疑似的なアルプス登山と言えるが、これはそれなりに従来になかった素晴らしい登山の場を提供した。またこれによって、登山技術の進展をもたらして、ヒマラヤなど世界の山々を登る技術的な道筋を作った。以下の記録の多くが、大なり小なりこうした思想の影響を受けている。

５　剱岳（つるぎだけ　２９９９ｍ　北アルプス）１９６４年８月３日　18歳

さて大学1年の夏休みは、２人で剱岳で岩登りを中心とする登山をしようということになった。テントと10日間ほどの食料、更にロープやピッケルまで三十数kgの荷物を担いで立山の室堂から入山した。剱沢のキャンプ地を通り過ぎて、その下にある真砂沢のキャンプ地にテントを張った。ここは剱沢ほどの眺望はないが、長次郎谷の出合より更に下にあり、剱岳東面の岩場を登る根拠地としては便利で、大学山岳部や社会人山岳会がベースキャンプにしていた。

入山後の翌日は休養を兼ねて雪上訓練をし、いよいよ3日目にまずは東面の岩場の入門コースである源次郎尾根に取り付いた。いわゆる本番の岩場を登るのは初めての2人であったが、それほどの緊張感はなかった。尾根の末端にある急なルンゼ（岩溝）に取り付き、やがて左手の尾根に抜けた。現在はこのルンゼは崩落がひどく、最初から左手の尾根に取り付くようである。第一峰に立つと雄大な剱岳東面の岩場が一望で、豊富な雪渓と岩場は日本離れした光景である。ロープを出したのは二峰からの下りの懸垂下降だけで、技術

初めての剱岳で、源次郎尾根を登った時。長次郎谷を挟んで八ッ峰の上半部を望む。

的には難しいところはなく剱岳の頂上に着いた。頂上に登るだけなら鎖の付いた一般コースがあるので、多くの登山者がいた。帰りは一般コースの別山尾根を平蔵のコル（峠のような窪み）まで下り、そこから一般ルートを離れ平蔵谷をグリセードで下った。

その翌日は長次郎谷を登って八ッ峰（やつみね）の六峰Cフェースに取り付き、八ッ峰、北方稜線などを辿って再度頂上直下まで行き、長次郎谷の雪渓をグリセードで下った。更にその翌日は三ノ窓谷を登ってジャンダルムを越えて池の谷乗越から急な雪面を下った。このように最初は剱岳東面の地形をマスターすることに費やした。この調子で書き出すときりがないが、これ以降、剱岳は私の一番好きな山となり何度も通うことになった。思い出深い山行としては、１９６９年の５月の連休に早月尾根から剱岳～三ノ窓～池平山～大窓～白萩川と雪の剱を２人で縦走したことや、結婚した直後、８月の帰省の前に妻と一緒に剱沢から登ったことなどが挙げられる。

いずれにしても、剱岳は日本の山の中では一番難しい山と言ってもよいだろう。岩山という点では穂高岳と比べられるが、山としての難しさはワンランク以上剱岳のほうが上である。山の難しさは岩場だけでなく、日本海に面した豪雪の山であり、一般登山道が別山尾根と早月尾根しかないということが示すように、逃げ場のない真剣勝負のようなところがある。結婚後に妻と登ったのを最後に数十年間剱岳とは縁が切れていたが、63歳の２００９年、当時所属していた「みろく山の会」のメンバーを誘って5月の連休に早月尾根から頂上を往復した。60歳を越えて雪のある剱岳に登れるとは思っていなかったので、本当にうれしかった。更にその８年後の２０１７年の5月の連休、今度は「アルペン芦山」のメンバーを連れて奥大日岳に登った。立山川を挟んで雪を被った早月尾根の壮大な岩尾根と対峙し、すでに71歳を過ぎていたが、若い頃を思い出し胸が躍った。

6　御嶽山（おんたけさん　３０６７m　北アルプス）１９６５年3月27日　19歳

大学1年生が終わり、春山のシーズンになった。灘と芦屋高校のＯＢの混成チーム５名で御嶽山の各峰を登ることにした。中央線の木曽福島に到着したのは深夜で、待合室で寝て、翌朝８時のバスで王滝に向かう。ここから林道を延々と歩き、夕方16時半に八海山荘に着き、ここに泊まった。自炊だが管理人のおばさんが親切でいろいろ食べ物を出してくれる。スキーはここに置いて行くことにした。

翌日はいよいよワカンを付けて出発。田の原小屋の先の平らな場所にテントとイグルーを作ってベースキャンプとした。イグルーは製作に時間がかかったが、非常に快適なものが出来、吹雪でもびくともしなかった。翌日は吹雪で停滞。午後から晴れ出したので、後藤君と偵察に行く。４日目の27日は雪が降っているが、前日よりは風が少なく何とか行けそうなので、８時40分に出発。剣ヶ峰には12時30分に到着した。吹雪の中で周りはほとんど見えず、高いほうへと登り続けて到着した。下山途中の森林限界辺りから晴れてきて、テントには15時半に到着した。夜は満天の星空となった。5日目は快晴で8時45分に出発、昨日登った剣ヶ峰を越えて継母岳に向かった。この山は山頂近くが岩場で御嶽では一番アルプス的な山である。ロープを出して快適に登った。13時半に到着。休憩の後、剣ヶ峰とのコルでロープを巻いたが、この頃から一転して猛吹雪となった。このような天候の急変はその後も経験したことがない。来た時のアイゼンの跡はたちまち消されるので、かすかに残っている足跡を見失わぬよう必死で登った。剣ヶ峰頂上まで来ると昨日の記憶もあり一安心。テントには16時20分に着いた。6日目、イグルーは静かで疲れもあって寝坊をしてしまった。天候は晴れてきたので、ゆっくり撤収にかかり、八海山荘に下りてもう1泊した。青カビの生えた食パンを薪ストーブの上に乗せてトーストにして食べたが、これがやたらと美味かったことが思い出される。翌日はスキーを付けて林道を滑り、王滝に下った。バスを待つ間、畦道に寝転んでいると、農家の方が赤カブの漬物とお茶を振る舞ってくれた。当時、赤カブは関西では見たこともなく食べたこともなかったので、大変感激したことを懐かしく思い出す。

7 鹿島槍ヶ岳（かしまやりがたけ　2889m　北アルプス）1965年5月4日　19歳

5月連休はどこに行こうかと後藤君といろいろ話しているうちに、大冷沢の鎌尾根から鹿島槍を登ろうということになった。鹿島槍ヶ岳は北峰と南峰を持つ美しい双耳峰で、大冷沢北俣は北峰から派生している東尾根と赤岩尾根に囲まれた大きなU字渓谷で、その奥壁を形成しているのが鎌尾根である。尾根の片側は垂直の巨大な壁になっているが、もう一方は比較的緩やかな雪の尾根で鹿島槍南峰に突き上げている。一番の課題は稜線直下の巨大な雪庇で、これをどのように乗り越すかが課題である。

　灘高登山部の仲間のＫ納君と２人で４月30日の夜行で出発。後藤君は１日遅れて合流することになった。鹿島部落から赤岩尾根への道を歩くとやがて雪道になり、爺ヶ岳へ突き上げる西俣との出合近くの台地にテントを張った。その後、鎌尾根取付きまで偵察に行く。西俣も北俣にもすさまじい雪崩のデブリが押し出していて、このような大規模な雪崩を見たのは初めてだし、北俣本谷のＵ字渓谷の雄大さにも息を呑んだ。夕方には後藤君が来る予定なので２人は北俣本谷で雪上訓練を繰り返した。テントに戻ると後藤君が来ていた。その夜から雨になった。翌朝３日は終日雨で如何ともしがたく停滞。一時雪に変わったが再び雨になり、木々に積もった雪が解け落ちてテントを直撃する。

　５月４日、雨はやんでいるが時々雪が舞う。どうしたものかと迷うがとにかく行くことにする。鎌尾根取付きの台地に着くと神戸大のパーティーがツェルト（簡易テント）を被って様子見。その少し上で単独行の人がやはり雪穴を掘って様子見。我々が登り出すと、この人も登り出した。１時間ほど登ると尾根上にクレバスがあり、雪を被っていたのでＫ納君が落ち込む。覗き込むと大きな穴になっていたので、ここで小休止。ここからは追いかけて来た単独の人が先に進む。以降、交互にラッセルをして進む。尾根が痩せてきて霧も出て方向がわからなくなるが、とにかく高いほうへ登っていく。心配していた雪庇は、部分的に崩落しており、切れ目から簡単に主稜線に抜け出ることができた。さすがに主稜線はすごい風で、ガスが出ていて見通しが悪いので、下り口がわかるようにケルンを積んだ。主稜線を30分ほど歩くと南峰の頂上に着いた。ちょうど正午である。何も見えないので早々に下山を開始。ケルンのおかげで迷うことなく鎌尾根に入った。古い雪に雨が降り、その上に新雪が降ったので状況は良くないが、新雪の量が少なく雪崩もなく取付きまで戻れた。この頃より日が射してきた。

ところが、その夜12時頃に目が痛くて目が覚めた。霧で見通しが悪いのでサングラスを外していたため、雪眼になったのだ。後藤君も同様にやられたようだが、K納君は普通の眼鏡をかけていたので助かった。通常の眼鏡でも紫外線の遮断効果はある程度あるようだ。朝まで雪で目を冷やしてうつらうつらしていた。明るくなる前に下山してしまうべく4時半に出発。ピッケルで足元を探りながら鹿島部落まで下り、そこからはバスで大町に出た。この時、昨日の単独行の人に会い、目薬を差してもらって少し楽になった。大町で新聞を見ると昨日、北アルプス各地で遭難が多発したようで、後藤君と私は目が開けられず読めないので、K納君に読んでもらう。家では大分心配しているだろうと思い、電話をする。どうもこの影響か、これ以降、私の視力が少し落ちたようだ。

なお、この翌年も別のメンバーで同じルートを登った。この時は主稜線の雪庇が落ちていなかったが、先行パーティーが雪庇にトンネルを掘っていたので、我々は簡単に抜けることができた。赤岩尾根から爺ヶ岳に登ったのも、この時である。

8 立山（たてやま 3015m 北アルプス） 1965年8月9日 19歳

この夏はどうしたことかK納君も後藤君とも都合がつかず、さてどうしたものかと考えていたところ、アルバイトで家庭教師をしていたK君が岩登りが好きで、山に連れて行ってほしいとのことだったので、高校生のK君を連れて剱沢にテントを張った。まずは普通の登山道から山に登ろうと、立山三山を縦走して引き返した。立山の最高峰は大汝山で3015mであるが、これを通り越したところに雄山神社がある。この雄

奥大日岳の方向から立山を望む。（2017 年 5 月）

山３００３ｍが頂上だと思っている人も多い。いずれにしても雄山まで縦走して往路を引き返した。これが立山の登頂日なのだが、単なる足慣らしのつもりなので、特に記憶に残ることがない。その翌日は雪上訓練をして、次の８月11日に剱岳の本峰南壁Ａ２稜を登った。この岩場は剱岳山頂へ突き上げている岩稜で、なかなか楽しいコースである。登頂後、平蔵谷をグリセードで下って剱沢に出て、そこから剱沢を登り返して剱沢のテントに戻った。高校生のＫ君も頑張ったと思う。

　立山はその後、縦走の途中に通ったことや、スキーを担いで登り、山崎カールを滑ったことくらいしかなかったが、２０１７年５月にアルペン芦山のメンバーを連れて雷鳥沢から縦走した。71歳を過ぎていたが、雪のある時に改めて登ってみると結構良い山である。

9　穂高岳（ほたかだけ　奥穂高岳　３１９０ｍ　北アルプス）１９６５年11月１日　20歳

穂高と一口に言っても西穂高、前穂高などいくつかの峰があるが、そのうちの最高峰が奥穂高岳で、日本

2010年に前穂高北尾根の5峰、6峰のコルから奥穂高を望む。

では3番目の高山である。後藤君ほか4名で初雪の来た奥穂高を登るべく上高地から入山し、横尾にテントを張った。翌日は雨で一日停滞した。いわゆる秋山のシーズンなので、この雨で頂上近くは全くの雪山になっているだろうと期待が高まる。

3日目の11月1日は早朝出発した。思っていたように雪にはならなかったようで、ザイテングラードを登り穂高岳山荘のある白出のコルに着くと、ようやくこの辺りから雪が出てきた。一応ピッケルは出したがアイゼンは付けることなく頂上まで登れた。さすがに穂高の盟主であり、槍ヶ岳など周囲の山は一望のもとである。帰りは何かの雑誌で見たザイテングラードの小豆沢の対岸の鰹節のような岩塔に行ってみることにして、後藤君と2人でトライした。数ピッチのクライミングで岩塔の裏側のコルに出た。そこからはちょっと手が出ないので、雪の斜面をトラバースして小豆沢に出た。短時間の遊びだが、今も涸沢に行き、その岩塔を見るたびに当時のことを思い出す。

翌日は素晴らしい天気で、ただ下山するというのももったいないので、徳本峠を越えて島々へ出た。まだ雪は着いていなかったが、徳本峠から見る明神岳から穂高の山々は秋の日差しの中で輝き、忘れ得ぬ光景となった。峠から島々谷に向かって下ると、すでに紅葉は終わっていたが、きれいな落葉が一面にあり、気持ちが良い。島々の手前で暗くなったが、あとから来た同志社大のパーティーが林道までトラックを呼んでおり、お言葉に甘えて、同乗させてもらった。穂高の思い出より秋の徳本峠越えのほうが印象に残っている。それにしても奥穂高の印象が特にないのはどうしてだろうか。いわゆる見どころはいろいろあるし、他の登山者とは誰にも会わない静かな山で、初めてなのだからもう少し感動してもよさそうなものだが、不思議である。強いて言えば穂高は剱と比べると小さく整った箱庭的な感じがあり、剱岳のような粗削りの、思わずブルッとするような感じがないからだろうか。

その後、何度か穂高には行ったが、就職後、たまたまイランの石油化学工場の工事でイランに行っていた後藤君が帰国し、２人で滝谷のクラック尾根を登ったことが思い出される。岩登りはもとより、ろくに山歩きもしていなかったが、昔取った杵柄というのだろうか、無事に登れた。更にそれから15年近く経って、米国への赴任がほぼ決まった5月の連休に一人で奥穂を越えて前穂高へ登り、奥明神沢を下って岳沢経由で上高地に下山したことがある。もうしばらく日本の山には行けないなという思いが、この山行の背中を押した。それ以外にも穂高には何度も出かけたので、思い出は多々あるが、書き出すときりがないので、ここではこれまでとする。

10　槍ヶ岳（やりがたけ　３１８０ｍ　北アルプス）　１９６６年３月27日　20歳

後藤君と２人で長期間の雪山をどこかやろうということで、新穂高温泉側の槍平から登り、上高地へ下山するという計画を立てた。積雪期の定義に入る３月下旬ということにした。なにぶん、２人だけなのでラッセルが大変であり、雪崩の危険も大きいので天候が悪ければ停滞も十分考えておかねばならない。基本計画を7泊8日として、停滞3日を入れて10泊分の食料と燃料を用意した。雪山では雪を溶かして水を作るので、燃料も十分用意しなければならない。当時の冬用テントは2人で行くには重すぎるので、ツェルト（簡易テント）と雪洞を掘ることを前提に、冬に開放されている無人の冬季小屋も使わせてもらうことにした。槍の穂先に登るにあたって、雪の状態によっては完全に鎖などが埋もれている可能性もあり、そのためロープはもとより、ハーケン、ハンマーなども用意することにした。全ての重量は40kgほどになり、我々の力ではこれを担いでラッセルをすることは無理なので、20kg2個（キスリングザックと背負子）に分けて往復2回を繰り返しながら進むことにした。

3月23日の朝、大阪を出て新穂高温泉に入り、柳谷出合の無人小屋（確か現在の穂高平小屋辺り）まで進んで泊。24日、いよいよ本格的にラッセルが始まった。半量ずつ運ぶダブル歩荷で滝谷出合まで進んで、ここに雪洞を掘った。当時はまだ滝谷出合の避難小屋はなかった。25日は朝から雪で右俣谷一杯に雪崩のデブリが広がっている。これほどの規模の雪崩の跡を見るのは初めてで、なかなか踏み込む勇気が出てこない。できるだけ端の左岸際を登るが、段々と上のほうへ追いやられる。それでも15時過ぎには槍平の冬季小屋に到着した。どこかの大学山岳部が入っている。

26日は快晴であり、背負子に半量の荷物を付けて槍ヶ岳の肩の小屋へ荷揚げに出発した。飛騨沢の雪崩を心配したが、中腹以上はカリカリの氷で、雪崩の心配よりスリップが怖い。どうも雨が入ったようで、スケート場のアイスバーンを斜めにしたような斜面である。ようやく肩の小屋（現在の槍ヶ岳山荘）の冬季小屋に到着し、荷物を入れて今日の仕事は終わった。ただこのようなコンディションで果たして槍の穂先まで登れるかは疑問だが、とにかくやれるところまでやるしかない。

27日も快晴で残りの荷物を担いで昨日と同じルートを登る。肩の小屋には11時に到着。昼食の後、２人でロープを結び合って、13時いよいよ穂先に向かった。最初はロープをいくつかループにして片手で持ち、２人同時に行動するコンティヌアスクライミングで登った。傾斜が急になってきたのでスタカット（隔時登攀）に切り替えようとして先頭にいた後藤君が振り向いた途端、バランスを崩して滑落した。必死でピッケルを雪面に打ち込んで止めようとするが、カチカチの氷で全く刺さらない。私は片手で持っていたロープのワッカの中にピッケルを通して全体重をかけてピッケルを雪面に押し付けた。これは教科書的な技術だが、これもカチカチの氷ではピッケルのシャフトが刺さらず、どうにもならない。ただ幸いにもピッケルの先端が氷の窪みに引っ掛かり、かつ片手で持っていたロープがグリップビレーの役割を果たして後藤君を止めることができた。「だいじょうぶかー」と聞くと「大丈夫」との返事。幸いにも周りには雨が降る前に登った人が刺し込んだピッケルの跡（穴）がいくつもあったので、ここに私のピッケルを刺し込むと、非常にしっかりした支点が出来た。これでしっかり確保ができるのでＯＫのサインを出すと、後藤君はアイゼンの前爪を利かせて登ってきた。大きな怪我はなかったが、滑落時に膝小僧を打ったようで痛そうだった。歩くのには問題ないとのことで、登攀を続行することにした。

ここからは私がトップに立った。先ほど述べた先行者のピッケルの跡とステップの跡が良いホールド、スタンスになった。鎖はほとんど埋まっていたが、梯子は出ており、ここにカラビナをかけて中間支点とした。思ったより簡単に登れて頂上は14時15分であった。少しモヤが出て遠望は利かなくなっていたが、穂高辺りはよく見えて素晴らしい景色。下りは登り以上に時間をかけて、慎重に確保を繰り返しながら降りた。小屋に着いたのは16時10分。無事に登頂を果たすことができた。夜になってモヤはなくなり、外に出ると満天の星空。小屋の中は風は当たらないが、なにぶん３０００ｍの稜線。小屋の中でマイナス９度。ツェルトを

槍ヶ岳頂上にて

張ってその中に入る。

28日。天気はまだ晴れている。この条件なら槍沢を下っても雪崩は大丈夫だろう。荷物を軽くするために余分な食料を一斗缶に入れて残す。これで荷物はキスリングザック一つになった。7時5分、いよいよ槍沢を下り出す。今日もカリカリの氷の斜面である。ちょうど殺生小屋と同高度の辺りに少し傾斜が緩くなるところがあるので、そこまで行けば大分楽になるはずだ。ところが、どうしたことか私があと少しのところからシリセード（尻滑り）を始めたのだ。あっという間に頭が下になり、頭を下に空を見上げるような形で滑落し出した。このような時は体を反転させて……というのが基本だが、キスリングザックのポケットが横長なので、それが引っ掛かって回転できない、と思う間もなく、雪から顔を出していた大岩に乗り上げるような形で止まった。この間は数秒程度かもしれない。一瞬のことであった。結果的には全く怪我もせず、無事であったのだが、奇跡としか言いようのない出来事であった。なぜ、あのような時にシリセードをしたのか、今になってもその理由がわからない。やはりかなり疲れがたまっていて、正常な判断ができなかったからかもしれない。

ここから下は、雪も緩んできて楽に下れるようになったが、今度は雪崩が怖い。S字状に谷が曲がっている辺りまで来ると、柔らかい雪に足が潜り出し、太陽が暑くなって雪がサーサーと緩んで落ちてくる。雪崩が起こるとこの辺りに集中する。一昨日と昨日の2日間快晴だったので、雪崩で落ちるべきものは落ちているとは思うものの、やはり不気味で、必死で歩き、ここを通過して大岩の陰で息をついた。ババ平まで来るとようやく雪崩の恐怖から逃れて、雪を溶かして水を作り、紅茶を飲んで昼食を食べた。危険地帯は通過したが、この辺りから後藤君の膝が痛み出す。昨日の滑落の時に打った部分が痛むようだった。横尾の冬季小屋に着いたのは午後2時過ぎ。昼を過ぎると曇ってきたが、ちょうど雪が降り出したので、ここに泊まることにした。部屋はきれいで、ストーブと薪があり非常に快適な小屋であった。

29日は吹雪。もう広い道を歩くだけだが、後藤君の膝が良くないので、一日休むことにする。30日。まだ雪が降っていたが、少し小降りになったのでゆっくり出発。上高地の帝国ホテルの管理人の木村さんのところへ行って泊めてもらう。結構きれいな部屋に泊めてもらい、1週間ぶりにお風呂に入れてもらう。食事は当然自炊である。

31日、いよいよ下界に下る日。雪は上がり、素晴らしい穂高の峰々が望まれる。当時の釜トンネルは、現在とは場所も少し違うし、素掘りのトンネルであった。まずトンネルに入る手前の20ｍほどが雪崩の通路で、下手をすると数十ｍ下の梓川に落ちてしまう。慎重に、素早く横切る必要がある。トンネルの中は水が流れているが、これは凍っておりアイゼンを付けてライトを照らしながら下らねばならない。ようやくトンネルを抜けると、ほとんど雪はなくなっており、あとはバス停のある沢渡までバス道を延々と歩くのみである。沢渡には11時40分着。12時20分のバスで松本に下った。松本駅では春山から下山してきた灘高の連中と出会った。

長々と書いたが、今に至るまで一番危険だったのはこの山行で、特に後藤君や私の滑落が二つとも無事であったのは奇跡としか言いようがない。何か少し条件がずれていたら、あの世に行っていただろう。なお、当時のアイゼンは鍛造（要するに鍛冶屋で叩いて作るような金物）の8本爪であった。現在では初心者でも12本爪の軽いアイゼンを履いており、隔世の感がある。アイゼンだけでなく衣類も食料もコンロも長足の進歩を遂げている。よくもまあ、あのような装備でやれたものだと思うが、やはり20歳の若さというものは、そうした不利な条件を吹き飛ばすくらいの力があるのだろうか。いずれにしてもこの経験は以降の登山の大きな教訓にもなったし、また自信にもつながった。

その後、槍ヶ岳に行くことはなくなったが、55歳になって5月連休に1人でババ平にテントを張って槍ヶ岳を登った。その時、かつて私を救ってくれた大岩も確認することができた。以降色々なルートから、3～4回槍ヶ岳に行っているが、全て5月連休の雪山であり、一度も無雪期には登っていないという珍しい山である。雪のついた槍ヶ岳はやはり独特の素晴らしさがある。

11　北岳（きただけ　3193m　南アルプス）　1966年11月2日　21歳

南アルプスの北岳は日本第二の高峰であるだけでなく、その東南面に北岳バットレスという広大な岩壁を有する。南アルプスは森林限界も高く、北アルプスのようなアルプス的な鋭鋒は少ないが、その中では数少ない大岩壁を有する山である。実は12番目の間ノ岳をその冬に登ろうと計画していたので、そのための偵察も兼ねて北岳バットレスを登ろうということになった。バットレスというのは建築用語で建物の壁の補強用に側面の壁に柱を入れる方法をいう。そこから転じて、いくつかの岩尾根を持つ岩壁をバットレスというようになった。

10月30日の夜行列車で後藤君と2人で大阪を出た。11月1日の朝、甲府からバスで芦安まで入り、ここからタクシーで広河原に着いたのは11時半であった。大樺沢を登り、バットレスの少し下の河原にツェルト（簡易テント）を張った。ちなみに登山者の増えた現在、この辺りは幕営禁止になっている。

翌日の11月2日、いよいよ北岳バットレスに向かう。二人とも全く初めてなので、地形の概念がわからず、バットレスの右端のヒドンガリーに入ってしまった。上へ上へと登っていくと垂直の壁に行く手を阻まれたので左手の尾根に登ると、そこがバットレスの中央バンドの端であった。このバンドは岩壁の中央部に横に広がる帯状の緩斜面部分で、これを通って一番ポピュラーな第四尾根を登るべく、その取付きまで行ったが、すでに別パーティーが登攀中であった。あとから追いかけて登ると時間がかかるし、落石などの危険もあるので、計画を変更して中央稜を登ることにした。この岩場は頂上のすぐ下から剣道の面のような形で切れ落ちた岩稜でルートグレードは4級の当時としては割合高いグレードの岩場で、途中に顕著なオーバーハングがある。

北岳バットレスの第四尾根の核心部のマッチ箱を登る後藤君。

取付きは第四、第三尾根に囲まれた井戸の底のような場所で、特に最初の1ピッチが難しい。日が当たらず、11月に入っており、指がかじかむ。オーバーハングはアブミを使った人工登攀で簡単に抜けられ、4ピッチで日の当たる大きなバンドに出て核心部は終了。更に2～3ピッチ登ってザイルを巻いた。そのすぐ上が北岳の頂上であった。天気は申し分なく、眺望も素晴らしくゆっくり休んだ。下りは八本歯のコルから大樺沢に下りツェルトに戻った。これによって北岳バットレスの概要がわかり、翌年の夏、後藤君と今度は腰を据えて、いろいろなルートを登った。

11月3日は下山の日。後藤君はその日のうちに帰宅しなければならないので、広河原で別れ、彼は左岸の道を歩いて夜叉神峠から芦安に出て帰宅した。私はその冬に予定していた間ノ岳の弘法小屋尾根の取付きの調査のために右岸の道を下った。荒川合流点の発電所から荒川沿いに付けられた林業用の道に入る。ヘデの岩小屋にザックを置いて、軽い荷物で偵察に行く。当初はこの岩小屋に泊まる予定だったが、猟師が泊ったのだろうか、動物の白骨が散らばっていて不気味なので、元に戻って無人の荒川小屋に泊まることにした。林業用の道は続いており、熊ノ平という荒川と北沢の合流点の平地に出ることができた。壊れかけた物置のような小屋があり、冬はここから尾根に取り付くことにした。これで見通しはたったので引き返し、ザックを担いで発電所まで戻った。

このすぐ下流に野呂川に架かる壊れそうな、か細い吊橋があり、これを渡ると野呂川の左岸に無人の荒川小屋がある。当時でも廃屋のような小屋で、当然現在は吊橋も小屋もない。荒川小屋はなまじ人間のいた雰囲気が残っているだけに不気味だが、ここで寝るしかない。中央の土間で焚火をすると、少し心が和んだ。

そういえば、大正末期から昭和の初めに活躍した登山家の大島亮吉の文章に次のような文章がある。

ひとりで山を歩くものにとって、焚火は最も無口でしかも陽気な伴侶である。心さびしい時は火をもやせ、その陽気な顔をみつめよ。

その通りだと思う。

４日は夜明けとともに下山を開始した。ひたすら林道を下り奈良田に出た。この日も素晴らしい快晴で、全山が燃えるような紅葉であった。

12　間ノ岳（あいのだけ　３１９０ｍ　南アルプス）１９６６年12月28日　21歳

間ノ岳は北岳から尾根続きの山で大きな山容を持っており、標高も日本で第４番の高山であるが、地味な感じの山である。北岳との間には大きな北沢のカールを持っている。このカールの端を作っている尾根が弘法小屋尾根で荒川と北沢の合流点から一気に頂上へと続いており、間ノ岳の最短ルートだが道はない。北岳からの写真を見るときれいなリッジで雪がつけば、さぞかし素晴らしいだろうと思われた。

いろいろ調べてみたが積雪期の記録は見当たらず、まさか積雪期初登攀ではないと思ったが、自分たちでルートを開く面白さはあるだろうと思われたので、とにかくトライしてみることにした。そこで11の北岳の帰りに偵察をして12月末に登る準備を整えた。他の登山者がいるとは思えず、事故があっても自分たちで切り抜けるしか仕方がないので、かなり緊張をして臨んだ。

12月24日の夜行で出発し、25日に甲府から芦安までバスで入った。タクシーで夜叉神トンネルの先まで行ってもらい、鷲ノ住山から野呂川の発電所に下りた。秋に荒川小屋に泊まって懲りたので、発電所にお願いして、今は使われていない発電所の工事用の飯場小屋に泊まらせてもらった。

26日、いよいよ山に入る。秋の偵察で道やルートはわかっていたので、順調に熊ノ平に着いた。この辺りまで全く雪がなく、尾根に取り付くと水を得られない可能性があるので、早いが物置のような小屋を使わせてもらって、今日はここに泊まることにした。

良い天気である。

27日、雪はないが気温は低く2時半に目が覚めた。しばらく焚火をして温まる。夜明けとともに行動開始。しばらく細沢を登り、そこから右手の尾根の藪の中を登ると、ナタ目を発見した。これは林業関係者が道標代わりに木にナタで傷を付けたもので、尾根の中央部に乗ったことがわかった。冬枯れした林の中を登っていくと、やがて雪が出てきた。針葉樹の林が終わる頃、狭い尾根上にツェルトを張った。針葉樹の葉を一杯集めて下に敷き詰めた。標高は２６００ｍくらいである。14時の気温がマイナス16度とかなり寒い。

28日、曇り空でほとんど山は見えない。ここからは激しいラッセルになり雪も降り出した。尾根の上部はかなり痩せた雪稜になり、期待通りの尾根だが、周りは霧と雪で全く見えない。最後に数ｍの岩場を登ると北岳から続く主稜線に出た。思ったほど風は強くなかったが、ここでも周りは何も見えない。10分ほどだったと思うが、すぐに間ノ岳の頂上に着いた。とにかく写真だけを撮ってすぐに下山を開始。頂上付近は広い台地状なので、下山口を間違う恐れがある。弘法小屋尾根への入り口は無事見つかり、16時にビバーク地に辿り着いた。

29日、寒さで目が覚めた。外を見ると、いつしか雪は止んで満天の星空。雪を溶かして水を作り、ラーメンの朝食を食べて温まる。そのうち夜が明けてきて快晴になった。南アルプスは富士山が近いので、朝焼けの富士山のきれいなシルエットが目の前にある。下りはナタ目を追いながら下ると2時間で熊ノ平に下りることができた。いわゆる冬日和で日差しは温かく、煙草をふかし紅茶を飲んでゆっくりと休憩。下り道の途中からは白銀の間ノ岳がよく見える。少し霞んだような感じで、周りに雪はなく、春山のようである。発電所には13時半に到着。長い林道を歩いて奈良田には16時頃に到着した。鄙びた温泉のある宿に泊まり、30日に帰宅した。

この冬山はマニアックな山の典型のようなところだが、記録は全く見当たらず、自分たちでルートを切り開く喜びがあった。もっとも、その数年後から山岳雑誌にいくつか記録が発表されるようになった。

13　笠ヶ岳（かさがたけ　2898m　北アルプス）1967年4月30日　21歳

笠ヶ岳の東面には穴毛谷という大きな谷があり、そこに向かって主稜線からいくつかの尾根と沢が落ちている。いずれも急峻なもので登山道はない。穴毛谷を遡ると穴毛大滝という大きな滝があるが、それを巻いて登ると抜戸岳付近に出ることができる。当時は登山道があったが、現在この道もなくなっている。この穴毛谷に落ち込む尾根を5月連休の残雪期に登ろうという計画を立てた。この辺りは当時もたまに大学山岳部が入るくらいで、5月の連休でも誰にも会わなかった。

さて具体的にどのようなルートを採るかだが、笠ヶ岳の頂上辺りから降りている比較的大きな第二尾根を登ることにした。この尾根に向かって左側には二ノ沢があり、この奥壁は当時有名になりつつあった大岩壁（二ノ沢奥壁）で、これを見ることも目的であった。

4月29日、朝大阪を出て高山からバスで新穂高温泉に入る。ここまでは槍ヶ岳以来馴染みのコースである。新穂高温泉から左俣谷を少し行くと穴毛谷の入り口で、谷を少し登ると昔小屋があり、その土台のコンクリートが残っていたので、そこにテントを張った。ちなみにこの辺りには昔小さな鉱山があったようで、そ

西穂高の方向から笠ヶ岳を望む。

のための施設かもしれない。

翌日の30日、快晴の中を第二尾根に取り付く。ちょっとした岩場や、藪があり、強い日差しで緩んだ急な雪面を乗り越したりするため、びしょ濡れになったが、やがて痩せた細い雪稜になった。予想通り左手には巨大な二ノ沢奥壁が望まれる。いよいよ最後の壁に取りかかる。左手は切れ落ちた岩壁、その縁の稜線は右手に続く雪壁の一部をなしていて、雪崩が怖い。その更に右手には容易に主稜線に出ることができそうな穏やかな雪稜がある。この雪稜まで雪面を横断するには先ほどの雪崩の危険性がある。

ザイルで確保してもらって思い切って横断にかかったが、途中の隠れたクレバスに落ち込んだ。首の辺りまでだったので自力で這い出して元に戻った。その間、いつ雪崩がくるか気が気ではなく、もう一度トライする気にはなれなかった。結局、左手の切れ落ちた岩壁の縁の雪稜を登ることにして取り付く。時々、右手の雪壁の中央部を雪が落ちていき、不気味である。息を殺すように衝撃をかけないようにそろりそろりと登り詰めると、しっかりした雪稜に出て核心部は終わった。あとは、この雪稜から主稜線に出てひと登りで笠ヶ岳の頂上に着いた。ここからは穂高や槍が一望で素晴らしい景色だが、すでに4時半になっており急いで下らねばならない。下りは抜戸岳の方向に進んで途中から六ノ沢左俣を下る予定だったが、かなり急な斜面なのでもう少し先へ行くことにした。

ようやく快適な斜面を見つけて下降を開始したが、六ノ沢本谷に合流する手前で急な雪壁となった。後ろ向きになって一歩一歩慎重に下る。そろそろ日が暮れ出し、疲労も出てきて恐ろしいが頑張る以外にない。ようやく本谷に降り立ち、駆けるように下る。暗くなる前に穴毛大滝の巻道に入りたい。轟音の響く大滝を巻いて穴毛谷本谷へ下りるルンゼに入った時は全くの暗闇になっていた。ギリギリのところでセーフという感じ。残った最後のレモンティーを飲み、煙草をふかす。暗闇に煙草の小さな赤い点が生きている証拠のように光り続けた。

あとはライトをつけて本谷を埋める雪崩のデブリの上を駆け下った。13時間半の行動時間であった。翌朝、目覚めてテントの外を見ると雨。昨日ビバークに追い込まれていたら、かなりつらい思いをしただろう。

14　富士山（ふじさん　3776m　静岡・山梨県境）　1967年11月4日　22歳

これこそ日本で一番有名な山で、知らない人はいない。毎年夏には何万人もの人が登る山だが、9月になって小屋が閉まると極端に登山者は減る。更に雪が降ると、これは全くの登山者だけの世界になり、しかも雪山としては特殊な条件が多く、かなり危険度の高い山になる。

危険性は、円錐形の独立峰でしかも標高が高いことによる。このことから風が強く雪面が凍ってつるつるの氷になることで、その広大なスロープは一面が氷の滑り台になる。しかも突風が発生しやすく、注意しないと突風で体が持ち上げられ、バランスを崩す。こうなってひとたび氷の斜面に叩きつけられると、数百m

富士山を吉田口から吉田大沢を登り火口に着いた時。

以上の滑り台を滑ることになり、ほとんど助からない。アイゼンは数㎜程度しか刺さらず、緊張を強いられる。

11月上旬に大学祭で授業が休みだったので、後藤君の先輩で同志社大のワンゲルにおられたK山さんとその友人と3名で出かけた。すでに富士山は冠雪しており、六合目辺りから雪になっていた。

11月3日、大阪駅で集合ということだったが、すっかり寝坊してしまって集合場所に遅れてしまった。構内アナウンスでK山さんを呼び出してもらい、先に行ってもらうことにする。当時は東海道新幹線は出来ていたはずだが、大阪発7時25分発で出発と記録にあるので在来線の急行だったかもしれない。どのようなルートを辿ったかは忘れてしまったが、御殿場からのバスは間に合わないのでタクシーで吉田口の馬返まで行ってもらった。14時半から歩き出す。この辺りは深い樹林帯である。ちょうど森林限界にある佐藤小屋には16時半に着いた。ここで2人に合流。快適な小屋であった。

4日は大快晴で、風も弱く絶好の登山日和で、吉田大沢を登った。通常の夏道は大沢の右岸の尾根を登っており、途中にはいくつか小屋があるが、もちろんこのシーズンには開いていない。吉田大沢は広大な氷の斜面で休むところもなく、ひたすらアイゼンを利かせて登るしかない。休めるところが全くないというのがこのルートの厳しさである。アイゼンは現在のような12本爪ではなく、鍛造の８本爪、とにかく足を斜面にぴったりと着けてアイゼンの爪を利かせることに集中して登った。逆光でギラギラ光る氷の斜面は独特のものである。頂上からの眺めは申し分なく、御殿場口に下った。

その夜は滝ヶ原に泊まったと記録にあるが、場所はよくわからない。滝ヶ原は地図上では自衛隊の滝ヶ原駐屯所の辺りと思えるが、今は全く変わってしまっている。ちなみに東名高速道路が全面開通したのは１９６９年５月なので、当時の御殿場はまだ登山の登り口の素朴さがあったようだ。

なお、それから33年も経った２０００年の10月初旬に一人で出かけたことがある。早朝に横浜の自宅を車で出発してスバルラインを通って吉田口の五合目まで行き、そこから登り出した。下から見たところでは雪はなかったが、念のために冬用の重い靴を履き、アイゼン、ピッケルを持って登り出した。しかし一気に登ったせいか、バテてしまって正八合目３４００ｍ辺りから引き返すことにした。下りはアッという間で、その日のうちに家に帰った。あと３００ｍくらいなので時間的にも行けたはずだが、闘志が湧かなかった。人によってとらえ方は違うが、私にとっては二度も、三度も登るような山とは思えない。

15　木曽駒ヶ岳（きそこまがたけ　２９５６ｍ　中央アルプス）　１９６８年１月５日　22歳

後藤君も私も大学４年生で３月には卒業する。私は大学院へ進学が決まっており、後藤君は鹿島建設に就職が決まっていたが、お互い卒業論文で結構忙しかった。そのためろくにトレーニングをしないままに冬山のシーズンを迎えた。後藤君が就職すればそうそう簡単には山に行けないので、これが二人で登る最後の冬山になるだろうと思われた。時間もあまりないので、最後の仕上げとして中央アルプスの木曽側の滑川を遡行して宝剣尾根から宝剣岳を登ろうという計画を立てた。青氷に覆われた氷の沢を登るという、意欲的な計画であった。

正月の3日の夜行で出発し木曽福島で下車、4日の朝、タクシーで二合目まで入った。空は曇っている。この季節に登山口の小屋が開いているとは思っていなかったが、突如白髪のおばあさんが出てきて声をかけられた。思わずぎょっとしたが、中に入ると温かく、熱い蕎麦を食べて1時間もゆっくりしてしまった。これではいかんと歩き出して30分も行くと敬神小屋。ここの小屋も開いていて小屋番がおり、滑川の様子を聞きに入った。ところが、ここの親父さんから「この時期の川筋は雪に埋もれきらず、大きな石がごろごろしていて、その上に雪がかぶって大変だぞ」とさんざん脅かされた。そうなるとろくにトレーニングをしていない2人は簡単に計画を放棄。ここから上松道を登って木曽駒ヶ岳を往復することに変更してしまった。そうとなれば、ザイルやハーケンその他の登攀用具は不要になるので、小屋に預かってもらい、1泊分の食料を持って出発した。荷物は軽くなったので快調に進み、森林限界の八合目でツェルトを張った。夜になって雪は止んだ。

5日は5時に起床。外は満天の星空。朝食を食べて7時過ぎに出発。快晴で目の前に御嶽が素晴らしい。9時前に頂上に着いた。中央アルプスの山々はもちろん、遠くまで見渡せる。宝剣岳まで行こうかと考えたが、後藤君の調子があまり良くないので、ここから引き返すことにした。帰りは急に気温も上がりのんびりと下り、そのまま帰宅した。

この山行後もしばらく後藤君との山行は続いた。この年の3月に奥穂高ジャンダルム飛騨尾根（途中で敗退）、翌年1969年5月の剱岳北方稜線から大窓、同年の10月の黒部川上の廊下遡行（途中で敗退）等、かなり意欲的な山行があり、翌１９７０年１月の阿弥陀岳北西稜（八ヶ岳）登攀がほぼ最後の山行になった。「ほぼ」というのは私も就職してから数年後、夏のお盆休みに穂高の滝谷のクラック尾根を登ったことがあるからである。当時彼はイランの石油化学工場建設でイランに行っており、その仕事が終わって帰国したので久しぶりに穂高へ行こうということで出かけた。二人とも岩登りはもとより、普通の山登りもろくにしていない状態であったが、昔取った杵柄だろうか無事登り切った。「少し出来過ぎだね」と言いながら、北穂高の南稜を下った思い出がある。残念ながらこの時の記録は残っていない。

木曽駒ヶ岳より中央アルプス南部の山々を望む。

後藤君は先にも書いた通り鹿島建設に入社して最初は建物の構造設計を担当していたが、その後、現場の工事が担当となった。私は大学院へ進学し大学時代と同じ林卓夫教授の研究室でご指導を受けた。ちょうど１９６９年は全国的な大学紛争が頂点に達した時期で、我が基礎工学部も占拠されて警察との攻防が行われた。私の修士論文のテーマはコンピューターによる数値解析に関するものであったため、全国の大学共同利用ができ、かつ最新のコンピューターのテストを兼ねていて無料だった京都大学の計算機センターがほとんどの研究場所になり、大学紛争の影響はあまり受けずに済んだ。就職も大阪に本社がある住友電気工業に決まったが、いずれにしても騒然とした最後の学生生活であった。

こうした中での1月の阿弥陀岳北西稜は思い出深い。すでに就職している後藤君、間もなく就職する自分、今後一緒に山に行ける機会はほとんどなくなるだろう、これが彼との最後のクライミングかなと思いながら、ロープを結び合い、凍り付いた岩稜を攀じた。

16 白馬岳（しろうまだけ　2932m　北アルプス）1969年8月10日　23歳

大学を卒業して後藤君は就職したので、長期間の山には行けなくなった。この年の夏は大学紛争が激しくなり出した頃だが、大学の同級生のM居君から「一度日本アルプスに行きたい、従妹のF村さんと、その友人のO村さんと4人で行こう」という話があった。M居君は同じ機械工学科の同級生で卒業研究も林先生の講座、大学院も同じく林先生の講座で、大学生活では一番付き合いが深く現在も懇意にしていただいている。いずれにしてもこれが女性を入れたパーティーで登る最初の山となった。

ほとんど山に登ったことのない女性が歩けて、しかも北アルプスの良さが実感できる山として白馬岳に行くことにした。夜行は疲れるので8月8日の朝、大阪を出発して松本から登山口の猿倉まで入ってここで1泊した。9日は大雨で、とてもではないが山は無理と判断して一日停滞とした。天気図を見ると前線が日本を横断していてあまり動かない。

10日は時々雨が来るが霧の中の登山となった。白馬尻でアイゼンを付けて8時10分、白馬大雪渓に入る。全く周りは見えない。ゆっくり歩いて頂上直下の白馬山荘には12時に着いた。F村さんがかなり疲れているので昼食を兼ねて2時間ほど休憩をした。このためF村さんも回復したので出発。5分ほどで頂上に着いたが、霧の中で全く眺望は利かない。ただ風が収まってきたので三国境から白馬大池に向かう。この頃にはようやく霧も晴れて日差しはないが周りの山々も見えるようになった。白馬大池の小屋には16時10分に到着。時刻も時刻なので、ここに泊まることにする。大糸線は平岩から先が不通になっているとのことなので、明日は蓮華温泉に下りることは諦めて栂池に下りることにする。夕食後、外に出てみると空はきれいに晴れ、朝日岳や雪倉岳もよく見える。私が高校1年生の時にやはり暴風雨で遭難しそうになった山々である。暗くなると降るような星空になり、銀河が手に取るように見える。これがこの山行の中で一番感動的な時であった。

11日は起床するとまた大雨。しかし、ここまで来ればあとは下るのみ。7時に出発。雷は鳴るし、天狗原はひどいぬかるみだが全員元気に歩き、栂の森には10時半に到着。ここからはバスに乗れるのだが、運航中止の張り紙。小屋に入り様子を聞いて、昼食を食べる。後から来た大阪のパーティーと一緒に9人で小屋から聞いた近道を下る。途中の橋が水に浸かっていたり、とにかくずぶ濡れになって親の原に到着は16時。ところが大糸線は森上と大池間が不通とのことで、たまたま下りて来たマイクロバスに頼んで森上に出た。ようやく雨も上がり、駅に辿り着いたと思ったが、大糸線は全面運休とのこと。タクシーで白馬まで行き、更にバスで松本から長野に向かう篠ノ井線の明科へ出て、ようやく国鉄の動いているところに着いた。

すでに20時半であったが、駅前の蕎麦屋で温かい蕎麦を食べて人心地がついた。松本に着いたのは21時半。閉店間際の「巴の湯」に行って温かい風呂に入り、乾いた服に着替えようやく無事に下山したことを実感した。初めての３人もよく頑張って怪我一つなく山を終えることができた。夜行列車に乗り、12日の朝大阪駅に着いた。駅でホットドッグの朝食を食べ、女性２人はそのまま会社へ。学生の男２人は家に帰った。大阪は蒸しかえるような暑さであった。

　とにかく、白馬岳の辺りは天候に恵まれたことがない。先に述べたように高校生の時には暴風雨につかまり、雪倉岳で低体温症の一歩手前まで行ったし、それから34年後の２００３年、蓮華温泉から白馬大池、雪倉岳、朝日岳と一人でテントを担いで縦走したが、この時も天気が悪く、当初予定の日本海の親不知は諦めて蓮華温泉へ下山した。３回とも天候には恵まれない、あまり印象の良くない山である。これが学生時代最後の百名山であった。

第３章　就職をしてから

１９７０年3月無事に大学院も卒業して、４月から住友電工に入社した。最初の２ヶ月半は大阪と伊丹の製作所で工場実習があったが、７月に神奈川県の大船にある横浜製作所の配属になった。結局、２０１１年に再び兵庫県の芦屋市にある実家に戻るまで、41年間、神奈川県にいたことになる。もっとも、そのうちの5年間は米国に駐在していたが、本拠地は神奈川県であった。会社生活のことを書き出すときりがなくなるが、以降の山登りとも関係するので簡単に述べたい。

入社して2年ほどは設備設計の担当部署だったが、横浜の研究部門に機械関係のグループを作ることになり、研究に移った。最初は銅の同軸ケーブルの開発などで、海外での学会発表もこの時が初めてであった。その後、3年目あたりから光ファイバーの開発に携わることになった。光ファイバーとは０・１２５㎜の細いガラス繊維に光の信号を入れて伝送するもので、現在の通信はこれがなくては成り立たなくなっている。もちろん当時は、海のものとも山のものともわからない代物で、しかも住友電工は金属の線が専門で、ガラスというのは全く未知の世界であった。当時、その将来性について注目したのは主として米国と日本の会社で、やがて世界的な開発競争と特許紛争が勃発した。

横浜の研究部門は従来から電気系と化学系の技術者で構成されていたが、製造方法の開発がその性能を左右するため、設備開発が重要となって多くの機械系の技術者が投入された。私は機械系出身ということで、この分野の中心メンバーとなった。なにぶん社内にはガラスのことがわかる人は皆無で、一つ一つ手作りで設備を開発していった。先輩にあたる人がほとんどいないということがある意味では幸いして好きなようにやらせてもらったということはあるが、当然苦労も多かった。光ファイバーが何とかできるようになってくると、今度は細い光ファイバーを接続する技術の開発が重要課題になった。これは全くの機械工学の技術なので、その分野も担当することになり、二足の草鞋を履くことになった。1982年に主任研究員（課長職）になり、以降ますます忙しくなったが、多少自分のペースで仕事を進めることができるようになった。

山に関して言えば、1973年の20雨飾山以降、1981年の21苗場山まで百名山が全くないのはこのような背景がある。ちなみに1977年には結婚し、78年には長女が生まれたということも影響している。

光ファイバーの開発は紆余曲折はあったが事業としては順調に進み、新しく事業部が出来た。そのため、事業部内の設備関係の課長と研究所の主任研究員を兼務することになったが、人数が多くとてもではないがやり切れず、1年ほどで事業部の課長に専念することになり、以降は事業部の中の製造関係を歩むことになった。一方、米国における光ファイバーの市場に参入すべく、ノースカロライナ州に研究・生産全てを担う会社が設立された。1986年10月に、そこの技術全般担当の副社長ということで家族を連れて赴任した。ここでは光ファイバーのみならず、それを使ったケーブルや付属機器までをやっていたが、やがて光ファイバーの部分は米国のAT&T（その後AT&Tの製造部門はルーセント・テクノロジーズとなった。当時は有名なベル研究所を有する通信分野における世界的な大企業であった）との合弁会社に移され、私はそこのCOO（いわゆる社長）となった。ここでの活動はこれまた苦難の連続であったが、黒字化を達成して1991年8月に帰国した。帰国後は古巣の横浜研究所の次長ということで、新しい技術のキャッチアップに努めた。

米国駐在の間は周りに手軽に行ける山があるわけでもないので、家族でクリスマスにスキーに行くくらいであったが、帰国の約1年前のクリスマスにカリフォルニアのヨセミテに行ったのは思い出深い。ここは岩登りで有名だが、真冬で誰もおらず、車にチェーンを付けて渓谷の奥まで行った。滝は全て巨大な氷瀑となり、一面の雪の中に雪を全くつけない巨大なエル・キャピタンやハーフドームの垂直の岩壁を眺めた。

ということで帰国後はまた違った意味で多忙で、その後は事業部の製造部長や横浜研究所の所長、事業部長など数年おきに両部門を行ったり来たりした。

２０００年6月には、関連会社の住電ハイプレシジョンという会社へ社長として出向した。この会社は光ファイバーの接続関係の機器の会社で、私が若い時に二足の草鞋を履いたもう一方の分野であって、人間どこで昔の経験が役に立つかわからない。結局、この会社で10年間社長をしたが、10年目に別のもう一つの関係会社と住友電工の製造部門とで新会社を作り、両社の社長は退任をした。私は引継ぎを兼ねて1年間常勤顧問をして、その後完全にリタイヤをした。担当した仕事は様々変わったが、結局光ファイバーが会社における生活の全てであった。光ファイバーの開発から事業化、そしてその事業の発展とＩＴバブル崩壊による苦難と復活など、技術者としても会社人としても実り多い人生であったと感謝している。

話を山に戻すと帰国後は丹沢辺りで少しずつ体力の向上に努め、１９９３年11月に24の「八ヶ岳」の赤岳に出かけた。これは年末に雪の赤岳を登るための下見の意味があった。その年末に雪の八ヶ岳に行ったが、頻脈になり下山。以降、時々不整脈が出るようになってしばらく山には行かなかった。加えて１９９５年1月に阪神・淡路大震災が起こった。母は独りで住んでいたが、幸い無事であった。しかし、妹の家が全壊して、妹一家が数年間母と同居することになった。その時、母の家の潰れた物置を整理していると、数十年前の沢登り用の草鞋が10足ほどと、地下足袋が出てきたので、これで丹沢の沢でも登ろうかと横浜に持ち帰った。これが沢登り再開のきっかけになった。

ようやく体調が回復してきた1997年頃から一人で縦走登山を始めるようになった。2000年に関連会社へ出向してからは自分で予定が立てやすくなったので、ある程度山へ行く頻度は増えてきた。そうなると体力も回復してきて、一人でテントを担いで3泊4日くらいの縦走ができるようになってきた。2005年9月に60歳となり住友電工の籍は離れた。ちょうど還暦だし、一人で山に行く危険も感じたので、これを機会に横浜にある「みろく山の会」に入会した。この会は会員数700名という大型会で中高年の会であるが、オールラウンドの山登りを標榜しており、雪山や岩登り、沢登りなど中高年の会としては結構先鋭的であった。もっとも、そのようなことをやる人は全体の10%強で、大部分の人はハイキングが主体であった。私は先に述べた物置きの草鞋以降、主として丹沢の沢を登っていたので、会の中では岩・沢世話役会に属してこの方面の登山を繰り返した。そのため、百名山はほとんど登らなかった。百名山を完登しようなどとは考えていなかったので、当然のことである。

2011年6月に完全に仕事をリタイヤして芦屋の実家に戻ることにした。母は骨折が原因で車椅子の生活になり、介護施設に入居したのでその介護や空き家になった家の管理ということもあった。就職してから41年ぶりに故郷に戻ったわけだが、私が66歳、妻が62歳、関東育ちの妻にとっては初めての関西での生活である。新しい環境で生活を立ち上げるには年齢的にも最後のチャンスだと思って、転居することにした。百名山の大半はこれ以降になるのだが、それについては次章に譲りたい。

沢登りについて――

百名山とは直接的に関係はないが、沢登りが私の登山人生で大きなウエイトを占めているので簡単に触れたい。

そもそも山というものは尾根と谷（沢）からなっている。山に降った雨や雪は尾根から谷に流れ落ち、それが下流に流れるに従い地表を削り取ってますます深い谷を形成する。日本の山は全て雪線以下の高さなので万年雪に覆われることはない。したがって、ほぼ頂上近くまで森林で覆われている。つまり藪に覆われているのだが、ただ谷は水の流れがあるためにその部分には藪はない。したがって昔から猟師にしても木こりにしても山で生活する人たちは谷（沢）を通路として利用してきた。しかし谷にはその通行の障害となる滝や深い淵があり、通行を阻まれる。その点、尾根は藪を切り開いて道を作れば、それ以降は安全に通行できるので、一般的に登山道は尾根筋に作られている。谷筋の道もあるが、大雨が降ると山腹に作られた道は土砂崩れでなくなるし、沢を渡る丸木橋はひとたまりもなく流されてしまうので、常に道の保全をしなければならない。このようなわけで、日本で山登りと言えば尾根筋に作られた道を登って頂上に達するという方法が一般的である。逆に言えば、谷は通常登山には使われないので、道がないだけでなく滝や深い淵があり、その突破が課題になる。

結局、技術的には膝から腰くらいの水量は当たり前で、その渡渉（川を渡ること）、更に深いところでは泳ぎ、滝では当然岩登りなどを7～10kgくらいのザックを担いでこなさねばならない、更に正確な読図力とか藪漕ぎの力も必要で、要するに雪山の技術を除く登山の総合力が必要になる。ヨーロッパアルプスでは雪線以上の山々が多く、最初から雪上技術とか岩登りの技術が要求されるので、同じ山といっても内容が異なる。したがって、沢登りというのは日本独特の登山形態である。

非常に特殊な登山形態と言えるが、ほとんど人の入ったことのない場所に分け入って岩登りやその他様々の技術を駆使してひたすら頂上を目指すわけで、その面白さは何とも言えないものがある。また人の手が入らない自然が一杯で、長い沢では途中でビバークが不可欠になるが、これがまた楽しい。時間があれば岩魚やヤマメの釣りができるし、豊富な流木で焚火をすることもできる。焚火で岩魚を焼き、骨酒を作って回し飲みをすることもできる。周りは誰もいなくて、ただ漆黒の闇と谷間の狭い空の上には満天の星空という至福の時間を過ごすことができる。反面、ひとたび天気が崩れると登ることも下ることもできなくなるという危険性があるし、何か事故が起こっても、携帯電話は通じないし、救助隊が救出するにしても、狭い谷間ではヘリコプターもなかなか近づけない。尾根筋の岩場を登るクライミング中心の登山も、それはそれで楽しいが、これはかなりの程度はクライミングのテクニック的な能力に依存しているが、沢登りは細かな技術よりも総合的な登山力が物を言う世界だと思う。

沢登りは高校、大学時代にもいくらかやっていた。先に述べたように地震で潰れた物置から当時の草鞋を見つけて丹沢の沢を登り出したのが沢登りの再開であったが、みろく山の会に入会後は素晴らしい仲間と知り合って、北アルプスの黒部川上の廊下とか南アルプスの赤石沢など上級の沢を登ることができたし、中級の沢では東北の白神山地から奥只見、谷川岳、奥秩父等々の沢に行くことができた。丹沢の沢は70本くらいの沢を登ったと思う。同じ沢に何度も行ったところもあるから、丹沢だけでも百回以上は沢登りに行っただろう。

この辺で沢登りの話は止めて、百名山の話に戻ろう。

17　甲武信ヶ岳（こぶしがたけ　２４７５ｍ　奥秩父）　１９７０年10月24日　25歳

入社後の研修が終わり、横浜製作所に配属になった。生活は東横線の日吉駅近くの独身寮であった。関東に住むのはこれが初めてなので、まずは周辺の街を知ることから始めた。山登りはとにかく一番近い丹沢に行こうということで、ヤビツ峠から表尾根を経て塔ノ岳へ登り大倉に降りた。少しずつ様子がわかってきたところで、前々から行きたいと思っていた秋の笛吹川に行くことにした。

笛吹川は富士川の支流で水源は甲武信ヶ岳である。この山はその名の通り甲州、武州、信州の境界にある。笛吹川の釜ノ沢右俣を詰めると甲武信ヶ岳に出る。このルートは一般ルートではなく、初歩的な沢登りのルートだが、非常に美しい沢で、とりわけ秋は素晴らしい。たぶん素人でも行けるだろうと、会社の同期の2人を誘って出かけた。当時は沢登りには地下足袋に草鞋が一般的だったが、たぶん登山靴で行けるだろうということで、会社の2人は軽登山靴、私は通常の皮の登山靴であったが、問題はなかった。23日、会社が終わってから夜行列車で中央線の塩山まで行き、駅のベンチで朝まで過ごした。どうも東京を起点とすると奥秩父や谷川岳辺りは中途半端な距離で、最終の鈍行に乗っても現地には深夜に着き、朝まで駅の待合室で過ごさねばならない。10月も20日を過ぎると明け方は結構寒い。

24日は一番バスで登山口まで入る。素晴らしい快晴のもとナレイ沢の登山口を6時45分に出発。両門の滝に11時到着。ここまでが沢登りのハイライトで素晴らしいナメが続いた。秋なので水量が少なく、登山靴でも問題なく登れた。水流が細くなると、最後は奥秩父らしい林の中を登ると甲武信小屋の前に出た。ここから頂上は一投足である。初めて見る奥秩父の山々を堪能して小屋に到着は16時前。秋のシーズンで小屋は満員。オイルサーディンの缶詰のように頭と足を互い違いにして寝た上から宿の人が蒲団をかけるというような状態で、夜中にトイレに行って戻ってきたら蒲団に潜り込むことができないという心配があった。こうしたことは今でも繁忙期の山小屋ではたまに起こる。

25日は曇っていたが、雁坂峠まで縦走して元に戻った。会社の同期2人は初めての山であったが、無事に登ることができた。ちなみに雁坂峠は旧秩父往還が通っていた古い峠である。秩父往還道は江戸から甲府を経て中山道に至る甲州街道の裏街道で甲府と北関東を結ぶ街道であった。よくこのような高所を通る峠を選んだものである。現在はトンネルが通っていて甲府方面から秩父へ最短ルートである。なお、言い忘れたが、我々の登った笛吹川の頂上を挟んだ北側が千曲川の水源で、東側が荒川の水源である。富士川の水源は甲斐駒ヶ岳の北側の鋸岳を越えた横岳峠辺りということになっているが、標高からすれば、支流の笛吹川の源流が富士川の水源と言えるのではないかと思う。いずれにせよこの辺りは太平洋、日本海にそそぐ大河の源流地帯である。

18　谷川岳（たにがわだけ　オキの耳1977m、トマの耳1963m　上信越）1972年5月　26歳

この辺りから約10年間は詳細な記録がない部分がある。この山もその一つで、以下は残っている写真と記憶に基づくものである。

この山は「魔の山」という芳しくない別称で有名であるが、一方ではロープウエーもある観光地のような印象もあり、人によって抱くイメージに大きな隔たりがある。魔の山という別称が付けられたのは東面の一ノ倉沢とか幽ノ沢といった大岩壁での事故が異常に多いからだが、それ以外のルートは易しくはないが特に

異常と言うほどではない。関西からは上信越の山は遠くて、その手前に日本アルプスがあるのでわざわざ出かけるという気にはならなかったが、横浜に住むようになって、かの有名な谷川岳に一度は登らねばということで、まずは一般的な西黒尾根から雪の谷川岳に登ろうと、一人で5月連休に夜行で出発した。まだ新幹線のない時代で、上野から上越線の最終発の鈍行（普通列車）に乗って出かけた。

下車駅は土合であるが、ここも先の甲武信ヶ岳と同じく中途半端な距離なので深夜に到着する。土合の駅は上越線が清水トンネルで谷川連峰を抜ける表日本側の端にあるが、プラットフォームはかなり深い地下にあり、下車してから長い階段を登らねばならない。何せ４６２段の階段、それに長い通路、更に四十数段の階段があってようやく地上に出ることができる。これが全てトンネルの中なので、鉄道に興味がある人にとっては、それだけでも下車の価値があるらしい。いずれにしても登りでは十数分はかかるのだが、下車する人はほとんどが山に行く人だから問題はないようだ。駅舎は地上にあり、最近ではいろいろ店も増えたらしいが、当時は何もなく、殺風景な待合ベンチで朝まで過ごした。

夜明けとともに行動開始。ロープウエーの先から西黒尾根に取り付いた。天気は素晴らしく良さそうだが、他に登山者はいない。雪はこの辺りからあり、締まった雪の上を

一ノ倉沢南稜の２ピッチ目。

歩くのは本当に気持ちが良い。森林限界を抜けると素晴らしい眺望とともに急峻な雪稜となり、気分が高まってくる。この辺りは北アルプスのような感じである。やがて「トマの耳」の頂上に達した。ここにはロープウエーを利用して天神尾根から登ってきた人たちが大勢いた。谷川岳の頂上としてはこのトマの耳と思っている人が多いが、最高点はギャップを挟んで聳える「オキの耳」である。この当時はピークハントという趣味はなかったので、オキの耳には寄らず、ここから下山を開始。天神尾根に入り、熊穴沢ノ頭の避難小屋の側から「いわお新道」経由で谷川温泉に出た。いわお新道を下る人はこのシーズンではほとんどおらず、雪面に足跡は残っていたが、最後まで一人であった。谷川温泉からはたまたまトラックで下に降りる人がいて、同乗させてもらい水上駅に出た。終日良い天気で快適な5月山であったが、特別強い印象はない。

その後、湯檜曽川本谷とか万太郎谷とかの沢登りには行ったが、稜線を歩くことはなかった。ただ関西に引越す直前の2011年6月に、みろく山の会のK島さんと一緒に一ノ倉沢の南稜という岩場を登り稜線に出た。ここからオキの耳、トマの耳を通って肩の小屋に泊まり、翌日、西黒尾根を下山した。これが最高峰のオキの耳を登った記録で、トマの耳を5月に登ってから39年が経っていた。

寄り道の話——

百名山とは関係ないが、私の山登りで、おそらく最も自慢できそうな記録を紹介したい。

北アルプスの中央を流れている大渓谷が有名な黒部川である。この川の上流には上の廊下、下流には下の廊下という巨大な廊下状の部分がある。両者の中間部に黒四ダムが作られ、今や大山岳観光地となっているが、通常の観光客はダム周辺以外進むことはできない。登山道もいくつかあるが、上の廊下に登山道はなく完全な沢登りの世界で、しかも上級にグレードされている。下の廊下は一応登山道はあるが、雪崩による雪渓に覆われて夏の間も通行不能で、9月に入って雪が消えた後、整備されてようやく通行可能になるが、11月に入って雪が降り出すと再び通行は不能となる。

下の廊下の左岸（下流に向かって左手）は立山、剱岳からの尾根の末端に位置しており、長年にわたって黒部川が削り取った巨大な岩壁になっている。幻の滝と言われた剱沢大滝は剱沢が下の廊下で黒部川に合流する少し上部にある。もともと下の廊下は大正14年に冠松次郎によって初めて踏破され、その全容が世に知られるようになったが、その側壁を構成する岩壁群を登ろうという人はなかなか現れなかった。その最大の問題は、とにかくアプローチが長くかつ取り付くまでが、それなりに困難であるということだったと思う。ところが黒四ダムの完成でアプローチが飛躍的に便利になり、黒部別山の東、南面の岩場が注目されるようになった。そして少しずつ登攀報告がなされるようになった。

最初に開拓されたのは、黒四ダムから見える大タテガビン周辺やハシゴ谷乗越への道から見える丸山東壁辺りだったと思う。私は京大山岳部の報告で別山沢周辺の記録を読んで、別山沢周辺の概念がわかり、興味を感じた。この記録では別山沢の右俣、左俣、南尾根の記録があったが、その他はまだほとんど手つかずのように見えた。特に左俣のR３（第3ルンゼ）はそのまま詰めると黒部別山の南峰に突き上げているようで、ひょっとすると初登攀の可能性もある。そこでパートナーとして当時大阪にいたF原さんに声をかけた。彼は大学山岳部出身で同期。一度一緒に山に行こうと話し合っていたからである。そのようなわけで、１９７２年8月13日、二人で黒四ダムから黒部川を下り、ハンノキ平にベースキャンプのテントを張った。

14日、５時半に出発。別山沢出合までは30分で来てしまった。別山沢の出合付近の雪渓は不安定そうなので、右岸をトラバースしながら進み二俣で雪渓の上に降りた。ここは右俣、左俣の分岐点である。左俣に入るとやがてＦ３の滝に行く手を阻まれる。この辺りの雪渓は厚さが数十ｍほどあり、滝から落ちた水は雪渓との間に落ちている。今までに見たこともない、すさまじい光景である。右岸に移りザイルを付けて岩稜を1ピッチ登り、更にＲ２（第2ルンゼ）にかかる雪渓を横断して先ほどのＦ３の滝の上に出た。滝の上から覗くと、水は真っ暗な雪渓の底に吸い込まれており底知れない感じである。このすぐ上には大きなスノーブリッジがあり、崩れないことを願いながら息を殺してくぐり抜ける。抜けたところがＦ４の滝壺で目指すＲ３はＦ４の滝の上で合流している。滝壺の右岸のリッジを1ピッチ登ると安定したテラスに出た。ようやく息を殺すような緊張から解放された。

ここはＲ２とＲ３の中間尾根なので、少し登ったところからＲ３のＦ1の上に懸垂下降（ロープにぶら下がって下る）した。ここに残置ハーケンが1本あった。Ｒ３は右手に広がる大スラブの一番左の端にあり、最近ではこの大スラブを登った人が、最後の藪を避けてＲ３に入るようだ。ここからは広いスラブが延々と続く。水流からあまり離れないようにザイルのトップを交互に交代しながら数ピッチ登る。ハーケンもボルトもなく、どちらかがスリップすれば、止めようがない。やがて滝壺を持った難しそうな滝が出てきて、ハーケン1本を打ってＦ原がトップで登る。この上で水流が2本に分かれるので、その中間リッジを今度は私がトップで登る。

ハーケンを3本打った。ここから広大なスラブの端を交互にトップを代わりながら10ピッチほど登った。ハーケンなどの支点は全くなく、ホールドも小さいが傾斜が緩いので靴底の摩擦で何とか登れるという感じである。現在はクライミングシューズを履くのが当たり前だが、当時は皮の登山靴なので、現在なら随分快適に登れただろう。この辺りが核心部であった。

次第に周りに藪が出てきて、やがて小さな河原のようなところに出る。ここでザイルを解いた。ここからは黙々と沢を詰め、やがて藪に突入する、その直前で水をそれぞれ２ℓ補給した。尾根に出ると獣道があり、それを辿ると「雪峰」というペナントがあった。疲れ果てたが南峰の頂上に18時40分に着いた。行動時間は13時間を超え、かなり疲れた。頂上は笹の生えた小さな平地で、ビバークにはもってこいの場所である。ポンチョで作ったタープの下に潜り込んだ。夜中に雨が降ったが、タープの性能は良く、濡れずに過ごすことができた。

15日は寒さで早く目が覚めたが、水はたっぷりあるので、粉末ジュースをお湯に溶かし、ビスケットで朝食を食べていると、夜が明けてきた。ここから見る剱岳東面はチンネや三ノ窓の雪渓がバラ色に輝き素晴らしい景色である。５時40分に出発し、ハシゴ谷乗越には７時50分に着いた。ここからは登山道があり、テントには12時半に着いた。飯をたらふく食べてひと眠りし、翌16日に往路を引き返して黒四ダムから帰宅した。

Ｒ３は記録が他にないので、初登攀かどうかはわからない。Ｒ３下の１本の残置ハーケンや「雪峰」のペナントなどから疑わしいが、少なくとも第二登か第三登であったのだろう。私の山歴では唯一記録に値するような山行で、26歳の時の話である。閑話休題。

19　甲斐駒ヶ岳（かいこまがたけ　２９６７ｍ　南アルプス）１９７３年１月１日　27歳

夏に別山沢のＲ３に一緒に行ったＦ原さんと、甲斐駒ヶ岳に行くこととして、12月31日朝、戸台で合流することとした。

私は30日に横浜を出て戸台で１泊。翌31日の朝、大阪を夜行で出たＦ原さんと合流した。現在は南アルプス林道が北沢峠まで続いて、バスも走っているが、当時は確かまだこのルートは出来ていなかったように思うが確かではない。いずれにしても冬場はバスは通らないので、戸台川沿いの昔からの道を歩くしか方法はない。8時50分に出発。天気は快晴で、雪はほとんどなく、冬枯れの道を歩いて赤河原に12時15分に到着。ここから雪が出てきて急登が始まる。計画では北沢峠のテント場にテントを張る予定だったが、ろくにトレーニングをしていないので、疲れて北沢峠の手前の林の中にテントを張った。この日は大晦日で、熱燗とお鍋で暖まる。

明けて1月1日、7時半に出発。北沢峠から駒津峰経由で甲斐駒ヶ岳に登った。天気は今日も快晴で、トレースはしっかりついていて、ラッセルもなく頂上には12時に到着した。目の前に八ヶ岳が雄大な裾野をひいて聳え、北岳など南アルプスの山も一望であった。帰りは仙水峠経由で下山してテントに戻った。2日は夜中から雨になり、とてもではないが、山に登れるコンディションではない。雪山での雨は吹雪以上に危険で、下手をすると凍死の可能性がある。とにかく停滞と決めて朝食を食べる。本来は仙丈ヶ岳を登る予定だが、どうもあまり意欲が湧かない。実家へも正月だから顔を出したほうがいいので、私は下山することにした。

当時のヤッケやオーバーズボンの防水性は弱く、びしょ濡れになることは避けられないので、下着の上からヤッケとオーバーズボンを着て、その他の衣類はビニール袋に入れ完全に防水を施してザックに入れる。雨とはいえ、冬のアルプスなのでこの衣類では停まってしまうと耐えがたい寒さで、加えて全身が雨で濡れているので、とにかく休まないで歩くことである。その結果一人で一気に飛ばしたので、登り5時間半の所を2時間半で下山した。戸台では一昨夜に泊まった宿に頼んで乾いた服に着替えさせてもらう。びしょ濡れのヤッケや下着を脱ぐと湯気が立ち上った。

一度横浜に戻り、荷物を置いて芦屋の自宅に帰った。着いたのは翌日の0時30分であった。

20　雨飾山（あまかざりやま　１９６３ｍ　上信越）１９７３年５月　27歳

雨飾山は妙高山塊の西に位置している地味な山だが、その周辺は頸城山塊と言われる千数百mの山々で玄人筋には結構有名な山である。雨飾山以外は登山道はかろうじて踏み跡のようなものがあるが、何といっても巨大な岩壁があることで、当時はようやくそれらの岩壁群が登られ出した頃だと思う。そうしたことから、一度その辺りの山に行ってみたいと思っていた。

雨飾山にも布団菱という大きな岩壁がある。一方、岩登りなどはしない人にも、どういうわけか人気がある。雨飾という言葉の響きがなんとなくロマンを感じさせるからかもしれない。どうせ登るのなら雪の残った残雪期がいいだろうと思っていた。幸い同じ会社の同僚のS川さんと行こうという話になった。彼も大学のワンゲル部出身なので山登り能力は信頼できる。朝、横浜を出て大糸線南小谷で下車。タクシーで小谷温泉に入った。山小屋程度と思っていたが、まともな旅館である。予約していなかったが、いろいろ調整してもらって湯治客用の部屋に案内された。一時は軒先でビバークかと思ったが、ちゃんと食事も出してくれて温泉でくつろいだ。

翌日は曇っていたが、雨にはならない様子。大海川沿いの雪道を歩き荒菅沢出合から沢通しに登る。

急な雪の斜面を登り、最後に右手の尾根に取り付いてひと登りで笹平と言われる峠状の場所に出た。更に急な雪の斜面をもう一息登ると雨飾の頂上であった。初めて見る頸城山塊の山々は、地味だがどこか気を引く山容である。下りは反対側の梶山新湯に下る。梶山新湯はきれいな小屋であるが、温泉の泉源が雪崩で潰れたとのことで、お風呂には入れなかった。夕食は素朴な料理だったが非常に美味しかった。これはＳ川さんも同意見で、山小屋の食事としては確実に上位にランクされると思う。３日目は雨の中を結構な距離を歩いて山寺に出て、そこからバスで北陸線の根知に出た。現在、梶山新湯は雨飾温泉というらしい。いずれにしても、地味だが味わいのある山である。

この山以降、百名山と名の付く山は１９８１年まで８年間なくなった。ただ山登り自体は続けていた。思い出に残る山は、この年の８月の笠ヶ岳穴毛谷四ノ沢（敗退）とか、穂高岳のところで述べた滝谷のクラック尾根の登攀などがある。また丹沢の沢登りとか三ッ峠の岩登りなども何度か登った。仕事はますます忙しくなったが、加えて１９７７年に結婚をしたこともあり、遠くの山に行くことはしばらくなくなってしまった。

21　苗場山（なえばさん　２１４５ｍ　上信越）　１９８１年８月　35歳

８月のお盆休みに一人で山を歩きたくなって、苗場山の小松原湿原に行くことにした。どうしてこの山に行きたくなったか不明だが、上信越の山はほとんど行ったことがなかったことと、小松原湿原になんとなくロマンチックな感じを抱いたことだと思う。当時はすでに結婚していたが、一人でのんびりと歩きたいという欲求があったのだろう。なお、この山も写真はあるが記録がないので８月のいつかはわからないがお盆休みの頃であった。これ以降はほとんど単独行ばかりになった。

第1日目は越後湯沢からタクシーで平標登山口まで入った。ここから東に行けば谷川連峰の平標山に、西に行けば赤湯温泉を経て苗場山につながる。しばらく林道を歩き、やがて鷹ノ巣峠の急坂を登る。これはごく短い時間ですぐ反対側に下る。清津川を吊橋で渡ると赤湯温泉の小屋に着いた。登山口から4時間ほどだったと思う。この温泉に来るにはこのルート以外になく、全くの山小屋の湯である。河原にいくつかの露天風呂があり、ゆっくり温泉を楽しんだ。

2日目は曇り空の中、昌次新道をゆっくり登り苗場山の頂上の小屋で1泊した。苗場山の頂上は池塘の散在する高層湿原で広々としていて気持ちが良い。ただここが頂上という感じはない。

3日目はやはり曇り空であったが、いよいよ小松原湿原に向かう。神楽ヶ峰の先から小松原のルートに入る。ガイドブックでは秘境と書いてあったが、それほどでもなく湿原植物の一大宝庫とあったが、すでに時季が過ぎたのか花は全く見当たらず、がっかりした。頂上台地も花はなく、やはり梅雨明け直後の頃でないと駄目なのかもしれない。やがて和山へ向かう道路に出て、少し歩いて逆巻温泉に泊まった。予約はしていなかったが、快く泊めてくれた。

翌日は確かバスで飯山線の津南に出たと思うが、そこからどのように横浜まで戻ったかは覚えていない。たぶん上越線の六日町辺りに出たようには思うのだが。いずれにしても毎日の歩行時間は少なく、登山としては楽なものであった。登山というより山旅という感じであった。この頃はほとんど山に登っていなかったので、分相応と言えなくもないが、心の洗濯になったのだと思う。

22　那須岳（なすだけ　茶臼岳1915m　北関東）　1982年1月　36歳

独りで雪山を歩きたいということで、1982年1月の正月休みに一人で出かけた。雪山に一人で出かけるのは危険性が高いが、まあ何とかなるだろうと出かけた。

第1日目は東北本線の黒磯からバスに乗り、終点の大丸温泉で1泊。翌日は良い天気の中、峰ノ茶屋避難小屋から茶臼岳に登った。避難小屋のある峠を挟んで反対側に岩のゴツゴツした朝日岳が見える。一度、小屋まで下り、今度は反対側の朝日岳に登った。再び小屋に戻り、大丸温泉と反対側にある三斗小屋温泉に下る。ここには温泉のある小屋が2軒ある。煙草屋という小屋に泊まった。障子一つ外は雪で暖房は炬燵のみだが、温泉は素晴らしく、堪能した。ここは今も四季を通じて人気のある小屋らしい。翌朝は雪が降っていて、一人ではラッセルが不安だったが、沼原湿原へ下り、更に板室温泉近くの自動車道に出て那須湯本温泉まで歩きバスに乗った。

ところでこの三斗小屋温泉だが、ここから1時間ほど下ったところに三斗小屋宿跡という場所があり、逆に2時間弱登ったところに大峠がある。つまりこの辺りに会津中街道というのが通っていたらしく、三斗小屋宿や大峠は戊辰戦争の時、官軍と長岡藩の激戦の舞台になった場所らしい。当時の長岡藩は河井継之助が指導して幕府、官軍の間で武装中立を企て、結果的には官軍と戦い滅ぼされるのだが、それ以降、この街道は廃れてしまった。このような山奥に結構大きな温泉宿が2軒もあるが、昔はもっとあったらしく、那須の七湯の一番古い温泉でもあるらしい。いずれにしても半日以上歩かないと来れない場所にあり、当時は冬でも営業していたが、最近は2軒の小屋とも冬の間は閉めてしまうようだ。確かに営業的には厳しいと思うが、深い雪山の中にポツンとある温泉は貴重で、残念である。

雪の三斗小屋温泉が気に入って、翌年の１９８３年の1月にも出かけた。第1日目は大丸温泉、第2日目は朝日岳を登って、三斗小屋温泉の煙草屋に再度泊まった。この時の思い出は、同宿の人がアルミの水筒に入れた日本酒を温泉の湯口に置いて燗をし、風呂場で湯に浸かりながら燗酒を御馳走になったことである。窓の外は一面雪山で、もうもうと湯気の上がる温泉の湯舟で飲む酒は誠に野趣があり、忘れがたい思い出である。第3日目は隠居倉を経て熊見曽根に出た。ここから三本槍岳までは1時間強であった。この山が那須の最高峰にあたる。雪はチラつく程度だが遠望は利かなかった。中の大倉尾根に入るとラッセルはひどくなったが、軽い雪質なのと、下りなので北温泉には15時過ぎに着いた。ここからは除雪された道を大丸温泉まで歩き、バスに乗った。

記憶ではもう一回くらい雪の那須に行った記憶があるのだが、曖昧である。いずれにしても手頃な雪山だが甘く見ると厳しい山になる。２００９年頃だったか、年末にみろく山の会のメンバーと3人で出かけた。しかし今までにない大雪と強風で、峰ノ茶屋手前から引き返した。この時は先に歩いていた別のパーティーの1人が休憩の時に不用意にザックから離れ、ザックが風に飛ばされてしまった。

23　越後駒ヶ岳（えちごこまがたけ　２００３m　上信越）１９８2年8月　36歳

この年の2月に2番目の子供が生まれたので、ますます山には行きにくくなった。そのため短時間で登れる山ということで、まだ行ったことのない越後駒ヶ岳に行くことにした。この山は水無川奥壁とか佐梨川奥壁といった谷川岳の一ノ倉沢並みの岩場があるとのことで、興味があった。ただ結果的にはこれらの岩場を見るチャンスはなかった。

ところで、駒ヶ岳と名の付く山は全国いたるところにあり、深田百名山の中でも会津、越後、木曽、甲斐を接頭詞とする四山がある。どうも春になって残る雪形が馬に似ているから付けられたのだろうが、その意味では白馬岳も同じで、農耕の時期を知らせる重要な役目があったのだろう。

第1日目は上越線の夜行列車で小出駅まで行き、翌朝、銀山平行のバスに乗って枝折峠で下車して、ここから登り出した。曇っていてあまり遠望は利かない。とにかくスピードを上げて登る。頂上までコースタイムで6時間半。通常は頂上の小屋で泊まるケースが多いが、今回は一気に駒ノ湯温泉まで駆け下りる予定である。お盆休みには高山植物もなく、ただひたすら登る。頂上には昼頃着いたが、すぐに回れ右。ここからの下りは標高差1600m程度でコースタイムは5時間20分なので休んでいる暇はない。結局、夕方4時過ぎに駒ノ湯温泉に着いた。とにかくコースタイム12時間のところを9時間程度で駆け抜けた。ただひたすら歩いたので、ほとんど印象に残っているものがない。

駒ノ湯の宿は、当時でもランプの宿として秘湯マニアには知られた場所である。温泉は温度が三十数度という、いわゆる冷えの湯で長時間入っていると芯から温まるという湯治用の湯であった。結構空いていて、広い部屋でゆっくり寝ることができた。翌朝は小屋の車で大湯温泉まで送ってもらい、そこから新幹線の浦佐までバスで下った。

1983年の三本槍岳（百名山の那須岳の2回目にあたる）を最後に百名山も含めてほとんど山に行くことができなくなった。1986年の5月に奥穂から前穂を単独で縦走したのが、米国駐在を控えた最後の山となった。

24 八ヶ岳（やつがたけ　赤岳２８９９m　信州）１９９３年11月　48歳

１９９１年の8月に米国から帰国したが、５年間の米国での生活は私の体力を大幅に低下させた。一番の原因は毎日、どこに行くにも自動車でほとんど歩くことをしなくなったことである。たまにやるゴルフもカートに乗るケースが多く、脚力が大幅に落ちた。帰国して駅の階段を上り下りすると結構足が重く、これには衝撃を受けた。そこでまずは鎌倉の裏山とか丹沢辺りから少しずつ訓練をして、2年後にまずは家から車で行ける高山である八ヶ岳でも登ろうと考えた。できれば冬山に復帰するため偵察の意味もあった。

ところで八ヶ岳という山は実際はなく、いくつかの峰の総称である。最高峰は赤岳だが、どうしたものか、阿弥陀岳とか横岳とか、その周辺の山は登っているのに赤岳は登っていなかった。そこでまずは赤岳を日帰りで登ろうと計画を立てた。

早朝、車で横浜の自宅を出て美濃戸口へ。そこから南沢、行者小屋、文三郎道を経て赤岳に登った。朝は良い天気であったが、頂上に着いた時には黒い雲に覆われていた。地蔵尾根から行者小屋に戻り、そのまま美濃戸口の駐車場に戻った。11月なのにまだ日が暮れる直前だったから、おそらく夕方4時半か5時頃であったのだろう。そのまま車で帰宅した。日帰りで２８９９mの山に登れたので自信が付いた。

これに気を良くして12月29日、横浜の自宅を4時に出て車を飛ばし、美濃戸口には8時に着いた。８時半に出発し、行者小屋には12時に到着。荷物を置かせてもらって13時に出発し、阿弥陀岳には15時に着いた。終日素晴らしい天気で、明日登る赤岳も目の前である。行者小屋に戻ったのは16時。炬燵に入ってビールを飲む。屋外は零下十数度だが、運動でほてった体に、まさに染み込む感じで堪えられない。同じ炬燵に足を入れている同室の人からウイスキーを頂き、談笑しているうちに急に動悸がし出して脈拍が上がってき

北側の横岳より、赤岳を望む。

た。しばらく寝ていたが脈拍は１２０近くあり、動悸が治まらない。食事の時間になって食事を口に入れても飲み下せない。この状態で今夜過ごすのは良くないと思い、すでに18時を過ぎて真っ暗になっていたが下山を決意した。

ライトをつけ、アイゼンで足元を固めて歩き出すと普通の調子で歩ける。暗い森林帯をライトで踏み跡を捜しながら下る。不思議に不安はなくただひたすら無心に下った。すると突如、明るい月光に照らされた雪の河原に出た。雪面が月光を反射して驚くほど明るく、赤岳の上にはオリオンが輝き、素晴らしい光景。呆然と立ち尽くした。このままここで倒れても悔いはないというような情景であった。車を止めておいた美濃戸口に着いたのは20時過ぎであった。もう脈拍は正常になっていた。そのまま車を運転して帰宅したのはちょうど24時であった。

翌日病院に行ったが、早朝起床して長距離運転、一気に２８００ｍまで登りしかも零下十数度、そこにアルコールと体には強烈なストレスを加えているので、50歳近くになって当たり前だと叱られた。しかしこの時以来、時々動悸が起こるようになり、専門病院で調べてもらったが単なる期外収縮で心配はないと言われたものの、しばらく山には行かなくなった。ただ、この夜の光景は今も明瞭に覚えている。

25　丹沢山（たんざわさん　丹沢山１５６７ｍ　神奈川県）１９９７年４月26日　51歳

丹沢山地はいくつかの峰があり総称として丹沢と言われ、その最高峰は蛭ヶ岳であるが、丹沢山という山もあり、百名山としては後者の丹沢山を取り上げているようだ。いずれにしても丹沢山地は自宅から日帰りで行ける山々であり、おそらく生涯では百回以上出かけていると思う。

丹沢は東京、横浜からは比較的簡単に行ける山で、関西の六甲と比較されるが、山としてのレベルは丹沢のほうがはるかに高い。まず標高だが六甲の最高峰は９３１ｍに過ぎないが、丹沢の最高峰の蛭ヶ岳は１６７３ｍと７４２ｍも高い。一番ポピュラーな大倉から塔ノ岳の標高差は約１２００ｍなのに対して、阪急芦屋川駅から六甲最高峰までは約９００ｍと圧倒的に低い。しかも六甲の稜線にはドライブウエーが走っていて観光施設も多い。これが山のレベルが圧倒的に違う理由である。

したがって登山の訓練場所として丹沢はかなりレベルの高い訓練ができるが、六甲ではよほど自覚的に訓練しないと力はつかない。一方、六甲は都会から簡単に行けるという良さがあり、中高年のハイキングに適したコースも多い。私の住んでいる芦屋市などは場所にもよるが、自宅から30分ほどで山道になるので、毎日のように標高数百ｍの前山を登っている高齢者も多い。登山という側面で見ると、六甲はその成り立ちから、岩登りの練習場に適した場所が多いが、一方丹沢はあまり岩場はなく、広沢寺の岩場など数か所に過ぎない。しかし沢登りのルートは豊富で、沢の中の滝の登攀が岩登りの訓練の場所になる。丹沢の沢でみっちり訓練すれば、登攀が主となるような沢は大抵のところをこなすことができる。ただ水量の多いところは少なく、こうした沢には限界がある。昔は丹沢の沢で岩を覚え、それから谷川岳というのが関東圏の山の会の新人育成のコースだったらしい。なお、六甲の沢は沢登りの訓練になるような場所は非常に限られている。

いずれにしても丹沢は関東圏の人たちにとっては、手軽に本格的な登山ができる山として便利な場所で、私も何回登ったか数えたことはないが、六甲以上に親しみの深い山域である。

さて八ヶ岳での動悸以降、屋外活動はオートキャンプにたまに行く程度であったが、阪神・淡路大震災で壊れた芦屋の自宅の物置から草鞋を発見して、この年の5月から一人で丹沢で沢登りを始めた。それから2年後に丹沢山に登った。

裏丹沢の早戸川の奥に丹沢観光センターという施設があり、ここまで車で入った。7時15分に出発し雷平で原小屋沢と分れて左の狭い谷に入っていくと、その先が大滝沢で早戸大滝という大きな滝が現れる。この滝は神奈川名瀑百選に入っている滝だが、普通のハイカーが簡単に来ることができるところではない。滝の右岸（向かって左手）に踏み跡があり、大きく高巻くと滝の落ち口に出る。ここからは小さな滝がいくつかあるが、簡単に登り、最後に右手の尾根に取り付くと、大した藪漕ぎもなく早戸川乗越に出た。ここは縦走路の一部で、しっかりした道を歩いて丹沢山の頂上には11時半に着いた。

昼食を食べて大休止の後、早戸川乗越まで引き返し、更にそのまま進むと本間ノ頭に着く。この間はシロヤシオツツジの名所であるが、まだ花は咲いていなかった。ここから丹沢観光センターへは登山道はないが、踏み跡が続いており、14時20分に車に戻った。大滝周辺以下の高度では桜、ツツジがきれいで、頂上以外は誰にも人に会わず、沢登りの良さを堪能できた。

26 金峰山（きんぷさん　２５９９ｍ　奥秩父）１９９７年８月13日　51歳

１９９３年の年末に八ヶ岳で頻脈になって以降、先の丹沢山のような低い山で少しずつトレーニングをして、４年後の１９９７年の夏の連休に八ヶ岳に出かけた。

家から車で出発して美濃戸口に駐車し、赤岳鉱泉まで進み、ここで1泊した。翌日は硫黄岳から赤岳を経て阿弥陀岳に登り、そこから御小屋尾根を下って美濃戸口に下山した。美濃戸口に着いたのは16時で、その日のうちに帰宅もできたが、せっかくなので美濃戸高原ロッヂにもう1泊して翌日に金峰山に行くことにした。

なぜ金峰山に行く気になったかというと、山に行けない期間、オートキャンプで奥秩父の廻り目平のキャンプ場へ家族と何回か行ったことがあったからである。ここはオートキャンプだけでなく、日本におけるフリークライミングで有名な場所であり、若いクライマーが多数テントを張っていた。同時に、ここは金峰山の登山口でもあったが、当時の体調では家族でキャンプを楽しむだけであった。その後、体調が回復してきて、八ヶ岳もコースタイム以上のスピードで登れたので、この際、帰宅の途中に登ってしまおうと思ったからである。

8月13日、宿を6時半に出て車を飛ばして廻り目平のキャンプ場に着いたのは8時であった。そこから軽い荷物でスピードを上げて登り、頂上には11時15分に着いた。頂上でコンロを出してラーメンを作り、ゆっくりと休憩。曇っているため、眺望は今一つである。12時に出発して車には14時に到着した。金峰山の頂上の傍には五丈岩という大岩があり、登ろうかと思ったが、下りが少し不安だったので止めておいた。

全般的にあまり印象に残る山ではなかった。キャンプ場のお風呂は16時まで入れないので、コインシャワーを浴びてさっぱりし、15時に出発して帰宅した。お盆の期間なので渋滞に巻き込まれたが、家には20時半に着いた。とりあえず登っておいたという感じである。

27　浅間山（あさまやま　黒斑山２４０４ｍ　頂上は２５６８ｍ　上信越）１９９８年５月１日　52歳

軽井沢に別荘を持っているＹ口夫妻から、一度遊びに来いと誘いを受けた。当時も浅間山は噴火で頂上まで登れなかったので、外輪山の黒斑山に一緒に行こうということにした。４月30日、横浜を車で出発、軽井沢に着いてみると、Ｙ口氏が腰痛で動けないとのことで、結局一人で登ることにした。

５月１日の朝９時20分に車で出発して、車坂峠に到着したのは10時。身支度を整えて出発は10時25分。黒斑山に着いたのは11時45分で、軽いハイキングである。少し曇っているが、ここからの浅間山はなかなか良い眺めだ。しかしこれで帰るのはいかにも物足りない。車坂峠の駐車場から高峰温泉まで車を移動させ、水ノ塔山、篭ノ登山と登り、更に西篭ノ登山を往復して池の平へ下りた。西篭ノ登山は静かな良い山である。池の平はまだ花は咲いていないので、散策を諦めて車道を歩いて高峰温泉に着いたのは16時55分であった。標高は意外に高い山だが、小さな山で年寄り向きの山である。

あとは車でＹ口さんの別荘に帰るだけだが、帰ってみるとＹ口家の冷蔵庫が潰れたので買い替えたいとのことである。しかしＹ口さんは腰痛で動けないとのことで、Ｙ口夫人と私の車で軽井沢の電気ショップに出かけ、店の小型トラックを借りて新しい冷蔵庫を運び、潰れた古い冷蔵庫を持って戻り、下取りとトラックを返すなどの重労働が待っていた。ともかくも新しい冷蔵庫も稼働してＹ口夫人の美味しい料理を頂くことができた。

翌日２日にはＹ口夫人と友人１人の計３人で小浅間山に登り、更に碓氷峠で蕎麦を食べて別荘へ戻った。３日の朝早く出発して、５月連休だが渋滞もなく帰宅できた。

日本の山は火山が多いので、百名山の中でも登れない山がいくつか出ることは避けがたい。浅間山はこれで一応登ったこととカウントしている。ちなみに阿蘇の高岳も同じ状況であったし、御嶽山は幸いにも登れたが、それから49年後の２０１４年９月27日に大噴火して多くの犠牲者が出た。また草津白根も幸いにも登れたが、１年強後の２０１８年１月23日に噴火して死傷者が出た。いずれにせよ、こうしたことはやむを得ないことなので、百名山のカウントはあまり厳密にしても意味がないだろう。

28　鳳凰山（ほうおうざん　２８４０ｍ　南アルプス）　１９９８年８月13日　52歳

前年の８月に八ヶ岳の縦走をして、こうした普通の登山道を縦走するのも結構楽しいことに気が付いた。そこで翌年１９９８年のお盆休みに、今まであまり行ったことのない南アルプスを縦走することにした。まずは交通の便利な甲斐駒ヶ岳から鳳凰三山を縦走することにして、８月11日に家を出て中央線の韮崎からタクシーで竹宇駒ヶ岳神社まで入った。ここから日本三大急登と言われる黒戸尾根に取り付く。出発は９時半であった。曇りで森林帯の中は眺望も利かず蒸し暑い。大汗をかいて15時45分に七丈小屋に着いた。小さな小屋だが清潔で、９人が宿泊しており、夕食に刺身が出て驚いた。ここには太陽電池があり、これで冷蔵庫を動かしているとのことで、山小屋にも時代の変化は確実に押し寄せているのだと実感した。曇っているので遠望は今一つだが、坊主岩の岩場は素晴らしい。

12日、やはり曇りで眺望は利かない。５時半に出発し、ひたすら登って頂上は７時半に到着したが、霧で何も見えない。摩利支天寄りに下り、六方石へトラバース。駒津峰からの下りで会社の同僚と出会う。この辺りより雨になる。仙水峠から栗沢の頭へ登り返す。この頃から少し晴れてきたが、時々雨がパラパラと来る。甲斐駒から鳳凰三山への早川尾根はいかにも南アルプスというか、地味な森林が多く、登り下りの多い道で、しかも雨模様なので景色も見えず、ただひたすら歩く。早川尾根小屋には14時45分に到着。その後、ものすごい夕立になったが18時頃には上がり、遠く北岳も望まれる。宿泊者も10人程度で空いており、夕食も美味しい。雰囲気的には、いかにも古い南アルプスの小屋という感じである。昨夜の黒戸尾根の七丈小屋といい、人の少ない小さな小屋のほうが親切で感じも良いようだ。

13日、今日は晴れで5時出発。アカヌケ沢ノ頭の手前より白砂の山になり、タカネビランジの群生に出会う。地蔵岳はオベリスクと称される大きな岩峰であり、鳳凰三山の主稜から少し離れている。通常ここは誰も登らないが、一度トライしてみようと登攀を試みた。あと数mで頂上というところで、チムニー状の岩場に古い腐ったロープがあり、これを使えば登れそうだが、信頼は置けないし、特に下りが問題なので諦めてアカヌケ沢ノ頭に引き返した。

このオベリスクは、中央線の車窓からも見ることができる。非常に特徴的な岩場で、明治の頃日本にヨーロッパの登山技術を伝え、日本アルプスの名付け親となった英国の宣教師ウェストンによって登られた有名な岩場である。アカヌケ沢ノ頭からは北岳のバットレスが正面に見えるし、甲斐駒もよく見えてこのコースでは最良のビューポイントである。

ここからは夜叉神峠まで観音岳や薬師岳を越えて下るのみ。途中でヤナギランの群生があったが、あとはとにかく駆け下る。夜叉神峠入口のバス停に着いたのは15時、芦安の役場で下車して村営温泉に入り、次のバスで甲府へ下った。芦安は冬の間ノ岳（弘法小屋尾根）の時以来30年以上経っているが、全く変わってしまっており、昔の面影はない。なお、この7年後の2005年8月に北岳のすぐそばの小太郎山を登りに来たが、芦安はまたまた大きく変わっていて、この時の面影もなくなっていた。

いずれにしても地味な南アルプスの山々で、アルプスの縦走登山など何十年ぶりだが、意外と楽しいものであることを再発見した。

29　仙丈ヶ岳（せんじょうがたけ　３０３３ｍ　南アルプス）　１９９９年8月12日　53歳

前年の鳳凰山の縦走で味をしめて、毎年少しずつ区間を区切って縦走をして、5年くらいで南アルプスの全山縦走をしようと考えた。そこでこれは南ア縦走計画の第2弾である。

11日の早朝に家を出て、甲府からバスで広河原まで入った。横浜は大快晴であったが、広河原では雨が降り出した。ここでバスを乗り換え、北沢峠へ向かう。峠の出発は13時15分であった。この頃になると大雨になっていたが、とにかく針葉樹の林の中を馬の背ヒュッテ目指して登る。到着は15時45分であった。今回は素泊まりにして自炊することにしたので、荷物は少し重い。いつもより人は少ないとはいえ、寝る場所は一人50㎝の幅しかない。やはり有名な山の小屋は快適とは言えない。なお、広河原は昔、北岳バットレスを登った頃に2回来ているが、全く変わっていた。

12日は曇り時々雨で、5時半に出発して大仙丈ヶ岳には7時20分に到着。眺めは良くない。ここからは塩見岳に続く仙塩尾根という長い尾根を南下する。ほとんどが森林帯の中で、眺めも良くない。黙々と歩き、野呂川越には13時半に到着。ここから尾根を外れて野呂川の上流のほうに下る。両俣小屋は10人も客がおれば多いほうとのことだが、今日はグループが宿泊していてやや多い。それでもゆったりとしたスペースが割り当てられた。小屋の周辺はヤナギランが群生していて外で食事を作るが、気分が良い。

13日はまた曇りである。やはり5時半に出発して野呂川の左俣に入る。踏み跡程度だが、しっかりした道がある。左俣大滝は右岸に巻き道があるが極端な急登でバテてしまい、やがて肩の小屋からの道に合流し北岳の頂上には11時に着いた。三十数年ぶりだが、眺めも良くないので早々に出発。北岳山荘でバーナーを出してラーメンを作り大休止。ここから完全な雨になる。

間ノ岳に着いたのは15時前。雨はますますひどく、かつ雷が近くで鳴っている。このような時に山頂でもたもたしているのは危険極まりないので、休まずに通り過ぎる。農鳥小屋までは二重山稜の複雑な地形だが、ペンキの印があって助かる。雨はますます激しくなって、まさに豪雨。小屋に到着は16時であった。雨具の中までびしょ濡れであったが、着替えると人心地ついた。自炊は疲れているし、この雨の中ではまともなところで自炊はできないので、食事付きで宿泊をした。ただ食事は飯とみそ汁、そしてテーブルにゼンマイの煮物が置いてあるだけで、昔の小屋並みである。この日は丹沢の玄倉川で家族キャンプをしていた人たちが何人も流されるという事故が起こったらしい。記録には「ともかく54歳まであと3週間という年でよくやった」と書いてあるが、その後の山登りを振り返ると、まだまだ感慨にふける歳ではなかった。

14日も朝から雨であるが、もう下るのみ。5時45分に出発して、農鳥岳には7時10分到着。この山は百名山には入っていないが、標高3026mの高山である。実際はこの手前の西農鳥岳のほうが高く3051mで、南アルプスでは6番目の高山である。どうしてこの山が百名山に入らないのか理由はわからない。いずれにしても豪雨の中なので周りは何も見えない。農鳥岳から奈良田までは2225mの下りで、ただ黙々と歩く。奈良田に着いたのは13時半。温泉センターに直行して温泉に入り、びしょ濡れの衣服を着替え、同行した同宿の人たちとビールで乾杯した。身延まではバスの予定だったが、同宿の人たち5名でタクシーに乗って下った。身延に着くと中央線は甲府と塩山間が不通になっているとのことで、帰宅は東海道線経由しか方法はない。身延線は満員で最後まで席に座れなかったが、富士に出て、更に三島から新幹線で帰った。帰宅したのは22時を過ぎていた。

農鳥岳から大門沢を下るルートは、下りとしてはたぶん日本最大級の標高差だと思う。この時以降、２回下降しているが、下降の時の足の運び方が試されるコースである。

30　瑞牆山（みずがきやま　２２３０ｍ　奥秩父）１９９９年10月9日　54歳

瑞牆山はその素晴らしい岩峰を見に行きたいとかねて思っていたが、仕事が忙しくて時間が取れず、何とか日帰りで行くことにした。

５時に自宅を車で出て、瑞牆山荘に着いたのは9時半であった。一般コースの富士見平から天鳥川を経て頂上には12時に着いた。良い天気で、素晴らしい岩峰を眺めた。ここはフリークライミング系の岩登りで有名だが、とても登る気にはならないようなすごい岩場である。ただ歩いて登る分には登山道は整備されていて簡単で、頂上はハイカーで一杯であった。

天鳥川まで戻り、八丁平への道に入ると人は全くいなくなるが、白樺林でとても良い感じの道である。単に八丁平を往復するだけでも楽しいだろう。八丁平から大日岩への道に入ると、ほぼ踏み跡に近い道になる。地図では大日岩の手前で道は左手（金峰山側）を巻くのだが、テープが右側に付いている。大日岩を直登してみたが、頂上直下でギブアップ。クライムダウンしてテープに従い右手に入るとこれが正解。どうも地図の左側は道がガレてしまったので、右側にルートを付け替えたようだ。やがて大日小屋への道標が現れたので、ここにザックを置いて大日岩の頂上を往復。頂上からは以前登った金峰山が良く見える。ザックを置いたところへ戻り、赤テープに従って下ると大日小屋から金峰山への良い道に出た。あとは普通の登山道を通り、瑞牆山荘の駐車場に着いたのはちょうど17時であった。

天気は良かったが、大日岩辺りから曇ってきた。大日岩の周辺のルート探しに30分ほど時間をロスしたが、暗くなる前に下山することができた。もともとは瑞牆山の岩と紅葉を見るためであったが、まだ紅葉には早過ぎた。それにしても八丁平から大日岩の辺りは人は誰もおらず、適度に緊張する岩場もあって良いところである。帰りは増富の湯に入ってゆっくりし、18時半に出発、家には22時に到着した。

31 塩見岳（しおみだけ　3047m　南アルプス）2000年8月12日　54歳

この年の6月に関連会社へ出向となり、社長として采配を振ることになった。この当時は世界的にＩＴバブルと言われる大規模な投資が行われていた時で、とにかく親会社も含めて作っても作っても足りないというような状況であり、関連会社の生産能力を飛躍的に向上させることが求められた。そのため、本社の茅ケ崎に新しい土地を買い、至急工場を建設するなど、とにかく大変であった。一日でも早く能力を上げることを求められた。私が着任した6月とその年度末では売上高がほぼ2倍になった。それだけでも異常な状況であったが、このバブルは翌年崩壊して、以降大変な状況を迎えた。ただ、この山に行った時はまだ繁忙の最中であった。

山登りとしては、一昨年から始めた南アルプスの縦走の第3弾である。10日の朝、家を出て昨年と同様に

ＪＲの甲府からバスで広河原に着き、更に北沢峠行のバスに乗り換えて、途中の野呂川出合で下車。ここから林道を両俣小屋を目指して歩く。いたるところで工事が行われており、ダンプカーが通って埃っぽいが、小屋の辺りは静かで、ヤナギランの花盛りである。自炊をして早々に寝てしまった。

11日、地図上で主稜線に歩いた軌跡に抜けが出来るのが癪なので、昨年下山した仙塩尾根の野呂川越に登り返す。晴れで天気は良く、６時半に野呂川越を出ていよいよ南下を開始し、三峰岳には10時着。ここから南下を続けると三峰と間ノ岳の間の稜線は歩いた軌跡の空白部分となるので、ここにザックを置いて空身で間ノ岳を往復する。甲斐駒、仙丈もよく見える。農鳥小屋から熊ノ平への大井川源頭のトラバース道もよく見える。三峰岳でインスタントのスパゲティーを作り、ゆっくり休憩する。ちなみに最近はフリーズドライの食品で良いものが出来ており、お湯さえ沸かせば結構美味しいものが食べられる。

仙丈方面から縦走してきた時。塩見岳の北面を望む。

熊ノ平へは１時間ほどで着いた。小屋の正面には西農鳥岳が大きく聳えて、なかなか爽快な感じ。まだ13時半で十分過ぎるほど時間はあるが、これから先は塩見小屋まで小屋がなく、今日中には行き着くことができない。テントなら途中で泊まることができるが、小屋泊まりではいかんともしがたく、結局これが翌年テントを買う理由となった。17時に食事をして18時に就寝。

12日の４時20分、ライトをつけて小屋を出た。星空がきれいで天の川もよく見える。ここから塩見小屋までは森林限界を抜けているので、爽快な縦走になる。日の出も素晴らしく、途中にはキタダケソウのお花畑もあり、南アルプスの縦走路としては最も素晴らしい場所である。

２７００ｍ付近から塩見岳の東峰の頂上への登りは急で苦しいが、10時に着いた。この登りの途中からガスが湧いてきて見晴らしが利かなくなる。塩見小屋まで下りてここで昼食。小さな小屋なのに多くの人がいる。ここからは下りだが三伏峠との標高差は２００ｍしかないので、要するに長い登り下りが続く。森林内に入ってしまうので、見晴らしはなく、ただひたすら歩く。三伏峠には13時半に到着。ここも大変な人である。鳥倉林道でかなり上まで車で登れるようになり、このルートで塩見岳を登る人が増えたのだろう。ここから塩川小屋までは、標高差１３００ｍの下り。ほとんど休まずに下り、塩川小屋には16時20分に着いた。ちょうど12時間の行動であった。

塩川小屋は宿泊者も少なくゆったり泊まれたが、お風呂のお湯がいつ代えたのかわからないようなヌルヌルした感じで、あまりきれいとは言えなかった。気味は良くないが、汗だらけで3日間歩いているのでとにかく汗を流すとさっぱりした。風呂の気味悪さを忘れてビールを飲むとやはり気分は良い。食事付きで泊まったので、食後は大の字になって寝てしまった。

13日は台風の影響か雲が渦巻いているが、良い天気である。バスで伊那大島へ出て、飯田線で上諏訪へ。飯田線の各駅停車はとにかく時間がかかる。南アルプスも南部になると極端に交通の便が悪くなるが、これがまた南アルプスの良いところかもしれない。中央アルプスは雲の中であった。

32　聖岳（ひじりだけ　３０１３m　南アルプス）２００１年８月15日　55歳

33　赤石岳（あかいしだけ　３１２１m　南アルプス）２００１年８月16日　55歳

仕事のほうはというと、２００１年の３月まではバブルが続き、３月には前年６月の２倍の売上になり、２０００年度は空前の利益になったが、年度が替わった２００１年４月から一転して急速に注文が減り出し、その年の６月には前年と同レベルまで下がり、更に減少を続けて夏休みの頃には私が赴任した前年６月の３分の２くらいに落ち込んだ。

当然のことながら大幅な赤字になったが、この現象は我が社に限ったことではなく、親会社や世界中の業界全体を巻き込む大きな動きの一環であった。派遣社員の削減や業務委託の解約、更にパートの雇い止めなど打てる手は全て打っていったが、どうにもならなくなった。世界的な現象なので、中小企業がじたばたしてもすぐにどうなるものではなく苦闘が続いた。とはいえ何とか２００１年度の利益はギリギリ黒字を維持することができた。

結果的には寸暇を惜しんで、一人で山に行く時間が増えた。最初はテントを買って５月連休に槍ヶ岳に行ったこと、７月に甲斐駒ヶ岳から準バリエーションの鋸岳に行ったことなどがある。一人で山に登ることが精神的な安定を得る手段となった。夏休みには恒例となった南アルプスの縦走に行くことにした。これが第４弾である。従来は南アルプスを北から南に縦走してきたが、今回は行程の立てやすさから、南から北へ北上することにした。

13日、新横浜から新幹線で静岡に行き、静岡発９時53分発のバスで畑薙第一ダムまで入る。途中で２回休憩があり、休憩時間を入れて3時間半かかるという恐ろしく長い路線バスである。更にここから東海フォレストのバスに乗って椹島ロッヂに着いたのは、15時になっていた。畑薙ダムから先は東海フォレストの私有地で、小屋も東海フォレストの経営。バスはその宿泊施設への送迎バスということになっている。したがって3000円を払って乗り込み、切符を見せると山小屋の料金が3000円安くなるという仕組みである。車が入れるところなので宿はきれいで、お風呂もあるし、衛星を使った公衆電話もある。夕食もうまい。4人部屋の相部屋に3人で泊まる。ゆったりと眠れた。

14日、6時10分出発。ロッヂから林道を畑薙ダムのほうへ1時間ほど引き返すと、そこが聖岳の登山口である。良い天気で雄大な聖岳が見えていたが、昼頃から曇ってくる。聖平小屋に着いたのは13時20分。小屋の前の広場にテントを張る。14時半から2時間ほど夕立の豪雨があったが、テントを張り終わっていたので濡れずに済んだ。雨が上がったところで5分ほど歩くと、南アルプスの主稜線に出る。気持ちの良いところで、明日登る聖岳への道を確認する。

15日、3時起床。4時15分にライトをつけて出発する。今日も良い天気である。ゆっくりしたペースで登り、頂上には7時15分に到着。景色は雄大で目の前の赤石岳が大きい。ここからは大きな登り、下りが待っている。一度標高差で200mほど下り、そこから小兎岳、更に中盛丸山と登り、中盛丸山には12時に到着。目の前には大沢岳があるが、この山も大きい。コルまで下りてみると、この頃よりパラパラと雨粒が落ちてきた。この山は忠実に尾根を登るルートと大きくトラバースするルートがあるが、雨が来たのでトラバース道を急ぎ、百間洞の小屋に向かった。テント地は小屋から5分ほど離れた場所に段々畑のようにスペースが作られており、そこにテントを張る。ザックを下ろしてテントを張りかけたところで豪雨となった。一瞬の差でずぶ濡れになってしまった。もう5分早ければ濡れずに済んだのに残念。テントの中で夕食を食べていると晴れてきた。携帯電話を持って稜線に出ると自宅へ電話がつながったが、妻は外出でいなかった。考えてみると、この日は次女がドイツに語学研修に行く出発日なので、妻は送りに行ったようだ。

16日、今日も3時起床、4時半出発。天気は晴れ。今日は木星蝕で木星が三日月の影の部分にあり、その延長先に金星がある。巨大な赤石岳もゆっくり歩いて3時間で登れた。目の前には、これまた巨大な荒川三山が聳える。この辺りは南アルプス南部の中央部で、それぞれの山が巨大で北部の山々より風格が違う。ここから大聖寺平の広大な斜面を荒川小屋に向かって下る。ここのお花畑は期待していたのだが、花は全くない。荒川小屋で一休みして昼食を食べる。気合を入れて荒川前岳に挑む。この辺りもお花畑が有名だが、最盛期を過ぎていて今一つであった。前岳と中岳のコルには12時10分に到着。荷物を置いて中岳を往復する。片道10分弱である。ここから高山裏までは荒川三山の前岳を通って、あとは森林帯の石のゴロゴロした道を下る。高山裏は期待に反して林の中の眺望の利かない場所であった。ガイドブックでは水場まで5分とあったが、小屋に聞くと往復30分とのことなので、ガックリしていると水を2ℓ分けてくれた。この日は夕立がなかった。ともかく聖岳、赤石岳、荒川三山の二山と南アルプス縦走のハイライトとなる部分が終わり、明日は一気に下山するだけだ。

赤石岳山頂より荒川三山の前岳、中岳を望む。

17日、今日も晴れ。3時起床で4時10分発。板屋岳は林の中だったが、小河内岳の手前から這松になる。頂上からははるかに聖岳が見える。よくまあ来たものだと思う。烏帽子岳は最後の登りで、ここからは塩見岳が望める。三伏峠に降りると、これで前年のトレースとつながった。ここからは前年と同じで、塩川小屋には12時20分に到着。本当は一風呂浴びたいところだが、昨年の風呂で懲りているので、近くを流れている川を少し上流に登り、人目につかないところで素っ裸になって水浴びをした。いくら下界に近いとはいえ、アルプスの水なので水温は低く、たちまち鳥肌が立ってしまった。それでもさっぱりして、その日のうちに帰宅することができた。

34　光岳（てかりだけ　2592m　南アルプス）2002年8月15日　56歳

2002年度になると、会社の状況はますます悪くなった。世界全体が不況になったので、注文自体が減少し、その少ない注文を取り合う結果、価格は大幅に下がって完全な赤字に陥ってしまった。新製品の開発とか新市場の開発といっても、すぐにできるようなものではない。結論は管理職を含めた正社員の希望退職募集とか経営陣の報酬カットなど、いわゆるリストラしかなかったのだが、理屈でわかっても、果たして従業員の理解を得られるかということに加えて、自分自身の心情的な問題もあった。

工場は閑散としているので、夏休みに4日間の休みを取って一人で南アルプスのテント縦走に行った。毎日ほとんど人と話すこともなく、ひたすら汗を流して歩き、一人で飯を食べ、一人でテントで寝た。これでようやく腹が決まり、帰宅後関係者を集めてリストラをすることを告げて、あとは一直線にそれを進めた。

実は米国の会社でもリストラの経験があった。日本では技術部門の課長で労務管理とは基本的には無関係であったし、そもそも当時の日本の会社で人員整理などをやることはなかったから、身の周りでそのような経験もなかった。ところが、米国では技術、製造の責任者であったから、社員を集めて集会を開いてリストラの説明を下手な英語でせざるを得なかった。多くの日本人の同僚や、米国人のスタッフの助けを借りて何とか大騒動にならずに乗り切ることができたが、この経験は以降の私にとって大きな財産となった。この時の教訓は、リストラをやるならブレないこと、何度も小出しにやらないこと、会社が希望退職者に対して上積退職金や再就職支援などができる体力のあるうちにやらないと、本当に全員が共倒れになることなどを心に留めて、決めたことを愚直に行うこととした。

もちろんこれ以外にも様々の手を打った結果、２００２年度は赤字となったが、翌年から黒字に転じることができた。いずれにしてもこの時の夏山は南アルプス全山縦走の第5弾の最終回であるばかりではなく、大リストラを控えて最後の決断の時となったわけで、非常に思い出に残るものとなった。

８月12日、前年と同じルートで椹島ロッヂに入った。いよいよ南アルプス縦走の最終回である。この小屋は、昔はそばを流れる大井川を利用した木材の伐採基地だったらしい。更にそこから車で1時間ほど上流の二軒小屋も同じように林業の小屋だったらしいが、現時点ではこの辺りは、リニア新幹線の南アルプスのトンネル工事の基地になっているらしく、ほとんど町のようになっているとのことだ。

13日、晴れ。聖岳への登り口までバスが出るとのことなので、乗せてもらう。バスは6時発で登山口は6時10分到着。前年と同じルートで聖平小屋のテント場に12時24分に到着。

14日、前年と違って今回は南に向かう。４時50分に出発して茶臼岳の頂上からは眼下に畑薙第一ダムが見える。更に進んで仁田岳の頂上からは南アルプス南部の山々がよく見える。今回は南アルプスの最後の山である光岳を登り、それから踏み跡程度の尾根に入って信濃俣とか大無間山などの前衛の山々を登る予定なので、これらのあまり有名でない山々をゆっくり観察する。ここから易老岳を経て光小屋には15時30分に着いた。問題は履いている登山靴の縫い目の糸が切れて歩くたびに靴が鳴ることで、信濃俣とか大根沢山とか一夏でも何人かしか通らない藪山で靴が潰れると悲惨なことになりそうで、いろいろ迷った末に計画を変更して寸又峡温泉に下ることにした。光小屋で衛星電話を借りて家に計画の変更を伝える。

15日、朝起きると霧雨が降っていて雨具を着ける。5時10分出発して光岳頂上との分岐に荷物を置いて頂上に向かう。頂上には5時半到着。頂上は林の中で全く眺望が利かない。10mほど先の展望台は開けているが霧で何も見えない。その先の光岩は白い石灰岩の大岩で遠く海からも見えるとのことだが、当然何も見えない。とにかく光岳は南アルプスの最南端ということになっていて、這松の南限とのことである。ここから柴沢吊橋まで1500mほどを下る。途中から雨はなくなり、雨具を脱ぐ。吊橋には10時10分到着。ここからは林道が続いているが、距離は四十数㎞ありガイドブックでは歩行時間は10時間以上。したがって途中でテントを張ることを覚悟しなければならない。だとすれば慌てることはないので1時間ほどゆっくり休む。昨日から追いつ抜かれつ歩いている大阪のF井夫妻も下りてきて、以降一緒にしゃべりながら下る。途中に1台車が止まっていたが、気にせず下る。この道は寸又川の山腹をほぼ等高線沿いに延々と伸びている。そのため多くの沢を横切るので水の心配はない。

休憩していると先ほどの車が下りてきた。日本野鳥の会の人で、林野庁の委託で調査中とのこと。F井夫人が交渉して乗せてもらうことに成功。1時間半ほど乗せてもらい、林道出口のトンネルで下ろしてもらう。そこから40分歩いて寸又峡温泉に着いた。ここは観光地できれいな温泉があり、一風呂浴びて、タクシーで静岡まで行った。料金は1万6000円だったが、4人で乗ったので金額的にもバス並み。家には22時30分着。光岳から一日で帰れるとは思ってもいなかった。

35 東岳（ひがしだけ　３１４１m　南アルプスの荒川三山）２００２年10月13日　57歳

夏の聖岳から赤石岳を経て三伏峠への縦走の時に荒川三山のうち、中岳と前岳は登ったが肝心の悪沢岳（東岳の別名）には登っている時間がなかった。ところが東岳は荒川三山の最高峰で南アルプスでは北岳、間ノ岳に次いで第3位の標高、日本全体でも第6位の高峰であるから、登らずにスキップするというわけにはいかない。そこで1泊2日で登り、かつ赤石からの縦走路まで行って地図上の赤線（歩いた軌跡）をつなげようというわけである。これは南アルプス縦走の番外の第6弾ということになる。

12日、自宅を3時半に出て車で畑薙第一ダムに向かう。ダムには7時半に到着して8時半のバスで椹島に向かう。快晴で絶好の登山日和。椹島を9時半に出て千枚小屋へ向かう。小屋には15時半に到着。小屋はまずまずの混みようであるが、まだ泊まる余地はある。ここからは富士山が正面である。日が暮れると素晴らしい星空となる。富士山の中腹の五合目辺りの小屋の灯も見える。

夏以降、全社のリストラが始まり、一応の目途は立ったが、その間のストレスなどの影響からか9月中頃からお腹の調子が悪くなった。ようやく出発の1週間前くらいには回復したが、言わば病み上がりの状態で、どこまでやれるか、若干の心配もあったが、やはり山に行って気持ちを整えたいという思いが強かった。とはいえ、まだ体調が本格的に回復していないのか、屋外にいると寒さで指がしびれた。夜は疲れているのに寝付けず、睡眠薬を2錠飲んで何とか眠れた。

13日、3時に起床して外の東屋でお湯を沸かし、前夜に小屋でもらったおにぎりを食べる。ライトをつけて4時に出発、3032mの丸山で夜が明けた。今日も快晴で素晴らしい夜明けである。東岳には6時15分に着いた。ここにザックを置いて、カメラと水とクッキーをポケットに入れて中岳に向かったが、45分で着いた。これで今回の目的は達成。すぐに回れ右をして東岳に戻る。頂上発は8時半だが、標高差は2000mあり、最後のバスの時刻は13時10分なので、必死に駆け下る。特に最後の登り返しはこたえた。椹島に着いたのは13時ちょうどで、ギリギリ最終バスに間に合った。

標高差2000mを休憩を入れて4時間半で下ったことになるので、かなりのスピードであった。よくあの体調でこうしたハードワークに耐えられたと思う。バスの後、田代温泉で一風呂浴び、更に5時間半の運転をして21時に帰宅した。これで南アルプスの百名山は完成した。よく体力がもったと思うが、これを契機に体調は完全に回復した。

南アルプスの枝葉の稜線・みろく山の会への入会——

34の「光岳」で南アルプスの主脈の稜線は全て歩いたし、そこから少し離れた35の「東岳」も登り、当初の計画はほとんど完成した。ただ枝尾根のように少し離れたところにある2700m以上の山は是非登っておこうと思い、以降数年かけて登った。全て単独行である。

2001年7月21日　55歳　甲斐駒ヶ岳の北にある鋸岳
2004年8月11日　58歳　農鳥岳の南に続く白峰南嶺の黒河内岳~広河内岳

２００５年８月12日　59歳　塩見岳から南に延びる尾根にある蝙蝠岳
２００５年８月14日　59歳　北岳のそばにある小太郎山

２００５年10月、60歳になったのを機に「みろく山の会」に入会したが、この年は入会したばかりで、簡単なハイキングに出席していた。２００６年の３月に会員が２名凍死するという大事故が起こり、会の活動はしばらく自粛ムードになった。５月より沢教室が始まった。今更と思ったが、仲間が作れると思って参加。結局、この時の出会いが、それ以降の山行がほとんど沢登り中心になるきっかけとなった。夏休みにはその時の仲間の村田さんと２人で塩見新道～塩見岳～雪投沢～池ノ沢～奈良田と、天竜川から出発して大井川に下り、また登り返して富士川の奈良田へ出るという、三河川のトラバースをした。塩見岳から池ノ沢の源頭までは道のないバリエーションルートである。これが南アルプスの最後の大きな登山であった。池ノ沢の途中には「南アルプスの真珠」と言われる素敵な池があり、そこで幕営をしたのも楽しい思い出である。

36　大菩薩嶺（だいぼさつれい　２０５７ｍ　奥秩父）２００８年７月27日　62歳

大菩薩嶺の東面の泉水谷小室川谷はいろいろな沢登りの要素が混じっている面白い沢とのことで、みろく山の会の仲間と出かけた。

７月26日、２台の車で出かけてまず勝沼ＩＣから裂石の大菩薩登山口まで行き、ロッヂ長兵衛の前に１台を駐車。残りの１台に全員が乗り込んで元に戻り、国道４１１号経由で泉水谷入口のゲートに到着した。ここに車を置いて10時30分に出発。小室川谷には11時に到着して昼食。明るい谷で快適に進む。８ｍの滝、15ｍの滝は簡単に進み、Ｓ字峡や石門の滝を登り、小室の淵は簡単に高巻けたので、ビバーク予定地には15時に着いた。更に上まで偵察に行ったがあまり良い場所がないので、ここに決定。先ほどから雷が鳴っていたが、タープを張り終えたところで夕立になった。全く濡れずに済み、早いが早速酒盛りを始める。２時間ほどで雨は上がり、焚火係と釣係に分かれた。私は釣りに出かけたが、少し当たりはあったが釣れなかった。

27日、この日の最大のポイントは４段30ｍの滝で手前から見るとなかなか迫力があるが、取り付いてみると、見た目より傾斜は緩く簡単に登ることができた。ロープを出したのはここだけだったように思う。段々と倒木が多くなったので左手の尾根に取り付き、更に行くと左手への踏み跡らしいものが出てきたので、それに従って行くと妙見ノ頭から北東に延びる尾根に出た。ここからは明瞭な道を少し歩いて妙見ノ頭には12時45分着。ここから大菩薩嶺の頂上までは40分くらいだが、登ったことにして沢靴を登山靴に履き替え下山にかかる。ロッヂ長兵衛の車に着いたのは14時25分であった。車に乗り込んだところで雨が来た。登り口に置いてきた車に戻り、帰りは丹波の「のめこい湯」に入ってさっぱりする。帰宅は20時半頃であった。

みろく山の会での思い出に残る山行――

百名山という点では、これ以降は関西に引っ越してからの２０１３年６月の伊吹山まではない。それまでの間に思い出に残る山行をリストアップすると以下のようになる。

・奥只見恋ノ岐川遡行（２００８年８月　62歳）

・谷川岳万太郎谷遡行（２００８年９月　63歳）
・両神山悪沢遡行（２００８年10月　63歳）
・剱岳早月尾根（２００９年５月　63歳）
・穂高滝谷ドーム中央稜（２００９年８月　63歳）
・東北八幡平葛根田川遡行（２００９年９月　64歳）
・奥多摩丹波川本流、一之瀬川本流遡行（２０１０年６～７月　64歳）
・北アルプス黒部川上の廊下遡行（２０１０年８月　64歳）
・白神山地追良瀬川遡行（２０１０年９月　65歳）
・奥秩父鶏冠谷右俣遡行（２０１０年10月　65歳）
・谷川岳一ノ倉沢烏帽子岩南稜（２０１１年６月　65歳）
・南アルプス赤石沢遡行（２０１１年８月　65歳）
・丹沢沖ビリ沢から水の木沢へ（２０１１年９月　66歳）

２０１１年９月の山行が私の送別山行で、沢教室の関係者を中心に15名で1泊2日の沢登りが行われた。もともと沢とか岩とかの危険性の高い山は65歳までだろうと考えていた。65歳になる前か、65歳の間にか、は厳密に考えていなかったが、この山行が66歳と6日目であったので、概ね計画通りだったと言えよう。この沢山行の一夜は思い出深い。暮れなずむ夏の空と明るさを増していく焚火、さわやかな沢風と信頼できる仲間、それと1杯の酒。これ以上贅沢な時間があるだろうか。そういう幸せな一夜を過ごすことができた。

第４章

退職・関西への移住・がんの発病、再び山へ

２０１１年６月、完全に仕事をリタイヤした。芦屋の母は前年から車椅子の生活になっていたので介護施設に入っていた。弟や妹が近くに住んでいたので、必要なものを取りに帰ることはできたが、基本的には芦屋の家は怪我をして入院をした時と同じで、まずはそこを整理して我々の荷物を入れられるようにしなければならない。７月から毎月10日間ほど車で芦屋へ出かけて、芦屋の家の始末をし、次にその間の洗濯物や捨てるものを車に積んで帰宅。横浜では自宅の荷物の捨てるものと、芦屋まで持って行くものとの仕分けということを繰り返した。とにかく作業員は妻と２人なので、朝食後には朝礼をしてその日の作業を確認して取り掛かるというようなことを繰り返した。

ようやく10月の中旬に荷物を発送して横浜の家を空にして、芦屋に向かった。芦屋に着けば着いたで、家の中に自分たちの荷物をはめ込む作業に取り組み、12月一杯でこれも落ち着いた。

２０１２年の正月には母も家に迎えて、兄弟一家を招いて新年のお祝いと、お披露目をしてようやくこれで、引っ越しプロジェクトは終了となった。

正月が明けると、これからの関西での生活を確立していかねばならない。いつも秋には人間ドックを受診していたが、まずはこれを受けようということで、予約の電話をした。いろいろ受診科目などの話があったが、胃の検査は従来バリウムの造影X線を受けていたが、聞いてみると内視鏡検査でも金額は同じとのこと

なので、「それでは内視鏡にしてください」と申し込んだ。

人間ドックの検査は２０１２年の2月2日で、夫婦揃って出かけた。ところが私の内視鏡検査の最後のほうで突然ヨードによる染色が行われた。何かあったのかなと思ったが、服を着替えて検査の最後に医師との面談があり、「90％以上の確率で食道がんです。サンプルを取ったのでその結果が出るのに２週間ほどかかるから、その時にもう一度来てください」と言われた。今まで会社の同僚で食道がんになった人は２人いて、２人とも大酒飲みであった。私はそれほど強くはないが、決して酒が嫌いなほうではない。２人のうち１人は亡くなり、もう1人は1年ほど前だったが大手術のようだった。医師は「紹介状を書いてあげるから、どこに行きたいか次来る前に決めておいてください。まだ初期なのでいろいろな治療法が選べる大きな病院のほうが良いですよ」とのことであった。まあ、青天の霹靂だが、まだ初期だから何とかなるだろうと思ったので、それほど動揺はなかった。

帰宅して早速その夜、横浜の友人でがんの内科医をしている人に電話をした。彼の意見は「それならまず間違いなく食道がんだから、すぐにでも病院に行くべきだ。サンプルの分析結果は後から送ってもらえばよい。関西の病院はよく知らないが大阪府立成人病センター（現在の大阪国際がんセンター）が有名だから良くないか」とのことであった。ネットで調べると、この病院の矢野雅彦先生（現在は吹田市民病院理事長）は食道がんの名医とのことなので、翌日の金曜日に電話をして予約を取ると、なんと月曜日の午後はＯＫとのこと。すぐに人間ドックに電話すると、私の診察をしてくれた医師が朝、診察が始まる前に紹介状を書いてくれるとのことで、急速に事態は進展した。

月曜日の2月6日朝8時、人間ドックに出かけて紹介状と内視鏡の写真をもらった。どこを受診するのかと聞かれ、大阪成人病センターと言うと、「そこなら問題はない」と言われた。午後、矢野先生の診察は

「これならまず間違いなく食道がん」との診断で、その場で各種の検査日程が組まれ、入院申込書をもらった。一番早ければ3月1日に手術ということになった。

その後は、ほぼ毎日のように病院に出かけて各種の検査を受けた。ようやく病室が空いたとのことで2月23日に入院。入院後も検査ばかりであったが、退屈なので25日~26日の週末は家に帰らせてもらった。25日の夕食でビールを飲んで、これがひょっとすると最後のビールかなと思った。26日の夕食後に病院に帰った。27日に全ての検査データなども揃い、矢野先生から家族を含めて治療方針の説明があり、妻と弟が立ち会ってくれた。いろいろな検査から他の臓器やリンパ節への転移は見つかっていないものの、がん自体の見かけは小さいが、深く入っているのでリンパ節転移の可能性は50%。結論としては食道の切除を行う。その時に周辺のリンパ節も取って、全て転移がなければ、あとは傷口が治れば退院。1か所でも転移があれば抗がん剤の投与が始まり、更に2ヶ月入院が必要とのこと。こうなってはもうどうにもならず、先生を信頼して「よろしくお願いします」ということになった。

3月1日が手術の日で朝8時に手術室に入り、出てきたのは夜の7時だったそうだ。その間、妻はずっと待っていてくれ、あとから弟も来てくれたとのことで本当に感謝。よほど大変だったのか良くはわからないが、手術が終わって出てこられた矢野先生は汗びっしょりだったので、妻は心配したらしい。その30分ほど後に先生から切除部分を見せてもらい説明があった由。

私は麻酔でぐっすり寝ており、翌日の10時頃にICUで目が覚めた。硬膜外麻酔が効いていて、痛みはなく普通の感じ。反回神経が傷付くと言葉が不自由になると聞いていたが、声を出してみると正常に発音ができて、まずはやれやれ。暇で仕方がないので、テレビを見せてもらう。昼前に妻が来たが、私がテレビを見ているのを見て安心したらしい。この日の一番の苦痛は痰がうまく吐き出せないことで、内視鏡で見ながら吸引をするのだが、これはのけぞるほど苦しかった。要するに咳をして気管から痰を吐き出せばよいのだが、何しろお腹に力が入らないのでうまくいかない。これがうまくいかないと肺炎になる危険性が上がる。吸入器（ネブライザー）をかけると痰が水っぽくなって出やすいので、これを繰り返した。

翌日の３月３日にはＩＣＵが混んでいるということもあったのか、監視ＴＶ付きの個室に移された。窓から外の景色が見えるので気分的には大分晴れやかになった。３月８日には栄養剤を直接腸管へ入れるパイプを残して全てのパイプが取れて、シャンプーをしてもらった。９日には造影剤入りの水５㏄を飲みながらＸ線で見て〇Ｋとなり、翌日から流動食を食べる訓練が始まった。要するに気管のほうに水を入れずに飲み込む訓練である。

この頃からお見舞いに来てくれる方が増えて、気が紛れる。その時にお見舞いにもらった『鳥瞰図で楽しむ日本百名山』が以降の私の登山を大きく変えた。この頃は、元気になればまた山登りに復帰するつもりであったので、ある程度歩けるようになってからは、病室を出て同じフロアを一筆書きでくまなく歩くことを30回やると約1万歩になることを発見して、毎日歩き回っていた。３月13日に矢野先生の診断でリンパ節転移は1か所もなかったので、抗がん剤の処置は不要。傷が治って発熱がなくなることや、水を飲むことができるようになれば退院できるとのことであった。食事は簡単なプリンのようなものから少しずつ増やしていったが、当分はパイプで栄養剤を腸に送り込むことはやらなければならないとのことで、これは退院後も自宅で続けた。

入院中の出来事としては、先ほどの百名山の本を読み、すでに登っている山が36山あり、それも中高年にとっては体力的に苦しい山がほとんど含まれていることで、退院後の登山のリハビリには残りの山を登るのもよいかなと思ったことである。もともと65歳あたりを激しい山登りの限界と考えていたのは先に述べた通りであるが、だとするとこれは今後の登山の在り方の示唆になるのかとも思った。もう一つは毎日が退屈で、こうした状況は遅かれ早かれ、いずれは来るのだから、ベッドの中でもできるような趣味を一つ持ったほうがいいなと思ったことである。これについては退院後に俳句を習い始め、今も続いている。

3月31日の退院日はあいにくの雨で桜は楽しめなかったが、弟が車で迎えに来てくれて、昼前に帰宅した。まずは食料の栄養剤を入れる点滴瓶を吊るして昼食の栄養剤の注入をした。食事は軟らかいものから少しずつ食べていったが、なにぶん一度に大量には食べられないので、こうした補助手段をしばらく続けざるを得なかった。妻は毎回の献立をノートに付けて、食べた量を記録してくれた。体力は毎日病院で1万歩近く歩いていたが、家の前の数mの坂道を歩くと最初は息が切れた。それでも毎日少しずつ距離を伸ばしていった。

退院後2週間ほど経ったある日、急に食べ物も水も飲み込めなくなった。切除した食道の代わりに胃を引き上げて喉の下でつないでいるが、その部分の細胞が元気になるに従い腫れ上がって通路を塞いでしまったらしい。このことは事前に聞いていて、手術を受けた人のうち半数くらいは起こるとのことであったので、ついに来たかという感じであった。予約をして翌日病院に行き、内視鏡で詰まった部分にピアノ線に巻き付けた風船を入れ、そこに水圧をかけて強引に広げるという処置を受けた。私は鎮静剤を注射されていたので全く記憶にないが、終わってみると嘘のようにすっきりした。医師に聞くとこうしたことは4~5回はあるとのことであったが、結果的に私の場合は15回に及び、4月10日から8月24日まで、実に半年近くに及んだ。拡張の処置の間隔は穴の閉塞速度の逆数のはずなので、横軸に日を、縦軸に拡張の間隔の逆数をプロットすると見事に直線になり、大体いつ頃終わるかの目途も立つようになった。

もう一つは胃袋の消化能力がなくなったので、頻繁に下痢をするようになり、退院後急速に体重が減り出した。退院から1年半後の2013年7月が体重の底で、実に23%体重が減少したが、やがてはどこかで底を打つだろうと思ってあまり気にかけないようにした。

登山のトレーニングは実際に山に登るのが一番なので、最初は裏山にあたる高座の滝までの散歩、それから城山（２５０ｍくらい）の往復、ロックガーデンの風吹岩（４４５ｍ）の往復などを繰り返した。11月2日に家内と一緒に六甲の最高峰（９３０ｍ）まで登って有馬に降りた。休憩を除く実行動時間はガイドブックでは3時間40分であるが、私は４時間27分であった。20％余計にかかっているが、これなら何とかなるレベルまで回復したと実感できた。そこで、更にザックの重さを増やしたりコースを変えたりして段々とレベルを上げていった。まだお腹の調子は安定せず、体重は減り続けていたが、思い切って少しずつ自分の山登りを取り戻そうと思った。

この期間でもう一つ大きなことは、灘高校のスキー登山部の部誌『雲海』の復刻がある。この年の8月頃、2年先輩の安藤史隆さんから電話がかかってきた。灘高のスキー登山部は１９８６年に廃部になってすでに四半世紀が経ち、先輩方で亡くなる方も出てきている。精魂込めて作った『雲海』も散逸してしまいそうで、何とかしたいが協力してくれないかとのお話であった。安藤先輩は私が中学3年で入部した時の高校2年のチーフリーダー（主将）で憧れの的であったから、喜んで協力をさせていただいた。結局、部史に相当する部分と『雲海』の復刻版からなる大部の資料が２０１３年8月に完成した。この間、安藤先輩とは毎週のように打ち合せて作業にかかった。出来上がったものは、スキー登山部のＯＢなど関係者に配布したことはもとより灘高の図書室、国会図書館、日本山岳会関西支部の図書館などにも納本されている。また山岳雑誌『岳人』にも寄贈して好評を得た。なお、これについて発生した費用はＯＢたちが出来上がった資料を購入するということで十分賄うことができた。

この他、山登りとは直接関係はないのだが、認定ＮＰＯ法人「芦屋市国際交流協会」との関係がある。この会の前身である「芦屋姉妹都市協会」は、創立が1961年という歴史を持つ協会である。母が姉妹都市協会の最初の発足から関わっており、一時その会長をしていたこともあった。リタイヤして戻ってきたのなら是非入会せよとの先輩方のお勧めがあり、2012年の秋に入会した。手術の後でまだ体力はなく、どこまでお役に立つかわからないが、枯木も山の賑わいということで入会した。ところがどこも人手不足で、結局2013年には副会長を、更に2015年には会長の大役を仰せつかってしまった。この協会の重要な事業である夏休みに行われる米国の姉妹都市との学生交換事業などは、山登りのベストシーズンを犠牲にしなければならないので、山登りの観点からは負担が多くなった。加えて俳句のほうも段々とお役が増えていき、とても耐えられなくなった。ちょうど「姉妹都市提携55周年」の行事も終わり、人材も増えてきたので1期だけで会長を退任させていただいた。その後、芦屋市の同協会が指定管理者になっている施設の館長を1期、更に監事をして2020年5月からは顧問になって、今に至っている。

岳友との別れ――

山登りの友人というのは、共に苦労をして登り、狭いテントの中で押し合って眠り、危険を共に切り抜けてきた言わば戦友のような関係である。これらの友人の死は、やはり特別な思いがする。山での遭難という例もあるが、私のほとんどの友人は病気で亡くなった。

私の大学時代、ザイルを組んで剱岳の岩場や、雪の槍ヶ岳を登った後藤君のことは忘れがたい。彼との登山で、私の登山の基本が出来たと言っても過言ではない。就職後は段々と疎遠になったが、2013年の5月に高校時代に一緒に国体へ行った芦屋高校の松浦君と連絡が取れ、松浦君と一緒に彼の家に行ったことがある。私は術後1年強であったし、松浦君も大腸がんの手術後だったので、二人ともまだヨレヨレであったが、そのうちに元気になれば３人で食事でもしようと言って別れた。ただ松浦君の予後はあまり良くなさそうで、なかなか実現しなかった。

翌年２０１４年の３月に後藤君が芦屋病院に入院していて、私に会いたがっているとの電話を受け、驚いて出かけた。すでに1月中旬に入院していて、胃がんが肝臓に転移しているとのことであった。何か欲しいものはと聞くと、ガストン・レビュファの『星と嵐』をもう一度読みたいとのことであった。ヤマケイ文庫に復刻版が出ていたので、これを買って出かけた。この本は我々が高校生の頃に出た本で、フランスのガイド、ガストン・レビュファがヨーロッパアルプスの六大北壁を登った記録で、華麗なクライミング技術が豊富な写真で紹介されていて、当時の若い登山者のバイブルのような本であった。後藤君はもう長くないことはわかっていて、いろいろ将来のことなどを私に話した。大学以降ほとんど山には行けなくなっていた後藤君が最後の時に思い出したのは私と、あの本であった。結局、彼の心の中であの当時の思い出が半世紀以上にわたって生き続けていたのだと思うと、今も何とも言えない気持ちになる。

この本を持って行った6日後の３月17日、松浦君が午前0時に亡くなった。その日のうちにお葬式があるとのことで駆けつけた。彼の場合はまだもう少しは大丈夫と思っていたので驚いたが、このことを後藤君に話すべきか非常に迷った。ところが松浦君の葬儀の翌日の夕方、郵便受けを見ると松浦君からの手紙があるではないか。消印を見ると３月17日で、おそらく亡くなる前日に投函されたのだろうと思われた。中にはUSBメモリーが入っていて、昔一緒に山へ行った時の写真が入っているので、後藤君に渡してくれとの手紙があった。これで腹が決まり、翌日だったか、彼のもとに行って松浦君の話をした。後藤君は「そうか」と言って黙ってしまった。それを機に容態が急変するということはなかったが、確実に悪くなっていった。

一方、4月20日に妻の母（義母）が脳梗塞で倒れたという連絡があり、妻は急遽東京の実家に戻った。4月23日、後藤君の奥様と私が主治医に呼ばれ、もうあと数日ですという話を聞いている時に携帯電話が鳴り、妻から義母が亡くなったことを知らされた。妻は一度芦屋に戻るとのことであった。それから3日後の4月26日の11時20分に後藤君の奥様から電話があり、彼が亡くなったとの知らせがあった。すぐ車で飛んで行き、医師の死亡確認に立ち会った。12時であった。その夜に通夜、翌日に告別式をして後藤君との半世紀にわたる交友は終わった。

更にその翌日、すなわち28日に東京へ行き、義母の通夜、翌日29日に告別式があり、一連の出来事は終わった。義母については、いろいろ思い出があるが、山に関することではないので、ここではこれ以上述べない。

もう一つ悲しい出来事としては、みろく山の会で共に様々な沢に一緒に行った村田さんが2013年の6月8日に亡くなったことである。彼は私より15歳も年下で体力、実力ともあり、会にとってのホープであった。加えて私とは大学の後輩にあたり、しかも同じ住友電工の横浜製作所に勤務していた。専門が違うので入会するまではお互いを知らなかったが、それ以降は沢登りではほとんどの沢に同行した。その彼が膵臓がんになった。彼も酒は非常に強かった。会社では研究部門の優秀なエンジニアであり、本当に惜しい人材であった。葬儀はみろく山の会と住友電工の人たちが一杯であった。

最初に述べたように、山登り、特に岩とか沢、雪山など危険性の高い登山の仲間は、言わば運命共同体で生死を共にするという側面がある。特に後藤君と一緒に岩場を登っていた半世紀以上前は、現代と違って装備も悪く、技術もお粗末であった。だからロープを結び合うということは、もし墜落して彼が結び合っているロープで止めることができない場合でも、そのことを自分として受け入れることができるという人間的な信頼感が不可欠であった。現代では、装備や技術が進み、こうした側面は少なくなってきているが、それでも登山の仲間同士の人間的な信頼関係というのは不可欠で、この辺が他のスポーツと違うところだろう。

それにしても後藤君も松浦君も私とは同い年、ともに種類は違うががんで亡くなった。村田さんに至っては私より15歳も若かったが、彼もがんで亡くなった。現在二人に一人はがんになり、三人に一人はがんで亡くなるというが、それにしても私の周りにはがんで倒れた人が多い。私はがんの手術からすでに8年半を経過して元気にしているが、これはどうも例外的なのかもしれない。振り返ってみると、まず横浜から関西への転居が一つの分かれ道で、もし横浜にいたら、それまでと同じところで同じように人間ドックを受け、バリウムの検査ではおそらく見つかっていなかっただろう。もしそうなら発見は1年以上遅くなり、がんのステージは進行していただろう。次の分かれ道は関西で良い人間ドックに巡り会ったことで、もし選択したドックが従来と同じバリウムだったら結果は同じだっただろう。更に「バリウムにしますか、内視鏡にしますか」と聞かれて内視鏡を選んだのが3番目の分かれ道であった。結局、これらの要因が重なって早期発見に至った。またその後、矢野先生のもとで初めての訪問から3週間強で手術をしていただけたこと、すなわち早期治療を受けることができたことも幸いであった。つまりよく言われる早期発見・早期治療を受けることが出来たことが、今も生き延びている最大の要因だと思うが、それを可能にしたのは、いくつかの判断の分かれ道で幸運に恵まれたということに尽きると思う。

これは人間の判断力を超えている。例えば、人間ドックから「バリウムにしますか、内視鏡にしますか」と聞かれた時に、「今までバリウムでやっていたので、バリウムでお願いします」と答えていたら、おそらく発見はされなかっただろう。なぜ、内視鏡という返事をしたかは別に熟慮の結果ではなく、たまたまその時の気分としか言いようがない。もしバリウムを選んでいたら、発見は1年以上後になり、結果は随分違っていただろう。こうしたことを、たまたま偶然が重なったと考えるか、神様がもう少し生かしてやろうと考えられたというように考えるかは人によって違うだろうが、やはり後者のように何らかの意味が与えられたのだと思わざるを得ない。単なる幸運の積み重なりと考えるには確率的に「出来過ぎている」ように思えるからである。いずれにしても、その後の人生の意味を噛み締めるという機会になったことは確かである。

37 伊吹山（いぶきやま　1377m　関西　琵琶湖東岸）2013年6月27日　67歳

関西生まれの私が、伊吹山に登っていなかったのは不思議だが、山登りとしてはあまり興味がなかったのだろう。この山は山頂近くまでドライブウエーがあり誰でも行ける山だが、それではトレーニングにはならない。まだ下痢が止まず、体重は減り続けていたが、思い切って麓から登ることにした。

6時前に家を車で出て、途中で朝食を食べたりトイレに寄ったりで、登山口を出たのは9時を過ぎていた。すでに6月の下旬で蒸し暑くなっていたが、意外に元気に登ることができた。登るほどにホトトギスの鳴き声が聞こえて、いつまでもついてくるようであった。途中のコブのような御蔵山で1回目の休憩をしてバナナを食べる。ここからは日陰のない山となるが、曇り空なので直射日光が当たらずに助かる。六合目の上でもう一度休んで水を飲み、氷砂糖を2個口に入れて登り出す。頂上にはちょうど12時に着き、昼食を食べる。残念ながら見晴らしは利かず、お花畑で有名だが花もまだ咲いておらず、その意味ではどうということもないのだが、ようやくまともな山に登れたということはうれしかった。

下山は快調に飛ばして下る、下のほうには桑の実が沢山あり、しばらくつまみ食いに熱中。登山口には14時13分に到着した。まだ時間が十分あるので、一度行きたいと思っていた多賀大社に寄る。ここは私の祖父の所縁のあるところらしい。家には夕方6時に帰宅した。

38　大台ヶ原山（おおだいがはらやま　日出ヶ岳１６９５ｍ　紀伊半島）２０１３年７月11日　67歳

この山も関西生まれが登っていなかったのは不思議だが、昔はやたらと交通が不便で、山自体も険しくはあるが修験道の抹香臭い感じがして、それよりは信州に行くほうがよほど魅力があった。なお、大台ヶ原は途中の斜面は険しいが頂上付近は広い高原であり、ドライブウエーがうまく作られていて、頂上近くに着くと広々した駐車場になる。

家を5時半に車で出て、大台ヶ原の頂上駐車場１４２５ｍに着いたのは8時15分であった。天気は快晴だが平日なので駐車場は空いていて、きれいなトイレに入る。ここでも下痢をして下痢止めを飲んで8時35分に出発。最高峰の日出ヶ岳まではハイキングコースで頂上着は9時13分、あっという間に着いてしまった。ここが大台ヶ原の最高点である。天気は快晴だが、湿気が多く遠くは霞んでいる。天気が良ければ富士山も見えるそうだ。ここから大蛇嵓までの道は一応山道で、枯木と背の低い笹の原できれいなところである。大蛇嵓は頂上の平坦な台地が急激に谷に向かって落ち込む断崖の端で眺望絶景。東ノ川を挟んで西ノ滝が見える。この滝は素晴らしい高差がありクライミングの場としても登られているようだ。東ノ川も有名な沢登りのコース。一度は来てみたいと思っていたが、もう無理だろう。ここで昼食を食べてシオカラ谷の吊橋を

大台ヶ原の東に流れる大杉谷は有名な沢の登山コース。標高300 mくらいで、このような景観となる。

渡ってひと登りで駐車場に着いた。12時過ぎで、自宅には15時半に着いた。この頃が体重の一番下がった頃だったと思う。

この1年後、2014年の6月に大台ヶ原の大杉谷から日出ヶ岳に登った。これが本当の大台ヶ原の登山と言えよう。大杉谷は日本でも屈指の美しい渓谷であり、昔から有名であったが、登山道の一部が大崩壊をして10年間通行禁止になっていた。それがようやく通行できるようになり、途中の桃の木小屋も宿泊ができるようになったので、早速「アルペン芦山」のメンバーで出かけた。

このコースは登山口までのアクセスが不便である。まず大阪の近鉄鶴橋で近鉄に乗って三重県の松阪へ、更にJRに乗り換えて三瀬谷で下車、そこから大杉峡谷登山バスに乗ってようやく登山口に着く。バスは路線バスではなく旅行のツアーバスということになっているので、事前に申し込み、参加者が4名以上いないと走ってくれない。全員乗る前に旅行申込書を書かされるという大変なバスである。結局、乗客は我々の5名だけであった。

登山口の先の東屋で昼食をして12時25分に出発。出発早々に道は岩壁を掘り抜いた道でいたるところに鎖がある。水はエメラルドグリーンで美しく、側壁からは素晴らしい大滝が落ちてくる。たかが標高３００ｍのところとは思えない。この日は桃の木小屋に宿泊。翌日はいくつかの滝を見ながら進むと、やがて新名所になった崩壊地に到着。この崩落で道が遮断されて通行ができなかったのだが、10年経ってようやく崩落が落ち着き、通れるようになった。ここを過ぎると最後に堂倉滝という大きな滝があり、その横から尾根に取り付いて、あとはひたすら登ると日出ヶ岳の頂上に到着。ゆっくりお茶を沸かして休憩し、駐車場まで50分ほど歩くと、そこからは近鉄の大和上市行のバスに乗った。これでまともな大台ヶ原山の登山が完成した。

39　白山（はくさん　２７０２m　北陸）２０１３年８月８日　67歳

白山は麓からよく見えるので信仰の山として昔から有名で、高山植物の宝庫としても知られている。日本では、これより以西には白山より高い山はない。そのような山なので、いわゆるアルプス的な登山としてあまり興味は湧かず、若い時から見向きもしなかったが、病後の百名山としてはチャレンジするには適当なので８月のお盆休みに登ることにした。

小屋泊とはいえ一人では不安なので、妻に同行してもらうことにした。ルートは一番ポピュラーな別当出合から室堂経由で登ることにした。普通は白山室堂で１泊するが、高度の高いところで宿泊するのは、高山病の危険もあるので、南竜山荘で泊ることにした。これは３６０ｍ強低いところになる。

８月７日、５時に自宅を車で出発。１２６０ｍの別当出合を10時40分に出発した。天気は晴れで問題ないが、標高が低いので大汗をかいた。砂防新道と分かれて山腹のトラバース道に入るとお花畑になり、特にコバイケイソウは今年は当たり年とのことである。南竜山荘には15時に到着。小屋は思ったより混んでいなくてカイコ棚の2階の窓際に場所をもらった。私より妻のほうがバテてしまって、すぐに寝てしまった。これでは明日は当初計画の室堂から観光新道を下りるのは無理なので、荷物を小屋に置いてできるだけ軽い荷物で頂上を往復し、小屋からは往路を下山することにした。夕食はあまり美味しいとは言えないが、妻もこの頃には起きてきた。

8日は3時に起床して、ヘッドライトをつけて出発。妻の小さいザックに水、食料、雨具を入れて私が担ぎ、私のザックにその他のものを入れて乾燥室で預かってもらった。したがって妻は空身である。展望歩道を1時間ほど登ると開けたところに出る。日の出を見る人たちで一杯である。やがて日の出だが、空気が湿っていてあまり鮮明な日の出にならなかった。でも、まあ良しとしなければなるまい。ここで朝食のおにぎりを食べる。とりあえず半分食べて出発。やがて室堂平の端に出ると黒百合や様々な花が咲いている。室堂の小屋は大きな施設で、ここに入って一休み。トイレに行き、念のために下痢止めを1錠飲む。ここから頂上までは標高差200mに過ぎないが、1時間かかって7時半に白山最高峰の御前峰に到着。妻も何とか無事登頂。私は山頂近辺をもう少し歩きたいので、妻は一人で室堂へ下る。15分で着いたそうだ。私は油ヶ池へ下りて大汝峰分岐から室堂へ戻った。このルートは短時間だが高山植物の群生が素晴らしく、特に黒百合がこれほど群生しているのを見るのは初めてであった。真っ白な雪渓と高山植物、照り付ける太陽と2700mの空気、何もかも昔のままだ。がんの再発の心配は残っているが、思わず「モドッテキタゾー」と叫びたいような感動があった。9時過ぎに室堂に到着。妻は郵便局で絵葉書を買ったり、コーヒーを飲んで待っていた。

下りはトンビ岩コースで南竜山荘に下山。荷物をパッキングし直し、昼食を食べて11時20分に出発。ここからは往路と同じコースを辿る。途中で妻の登山靴の底が両足ともパックリと口を開けてしまったので、テープで補強した。幸い下まで無事に下れた。とにかく妻の膝がガクガクになっては困るので、何回休んだかわからないほど休んだ。途中の水場でお湯を沸かしてインスタントのカルボナーラを作って食べたが、これはなかなか美味しかった。駐車場に着いたのは15時45分。車で出発は16時だったが、すぐに猛烈な夕立になった。下界まで下りて予約しておいた白峰温泉の民宿に泊まり、汗を流した。食事はなかなか良くて、少量のビールを飲む。食後すぐに寝てしまった。

９日、朝食後７時に出発した。芦屋には11時半に着いた。手術から１年半弱で２７００ｍまで登れたのだから、本当に感謝。

40　筑波山（つくばさん　女体山８７７ｍ　北関東）２０１３年９月30日　68歳

筑波山は古来有名な山だが、なにぶんにも登山という点では特に興味を引くことはなかった。ケーブルカーも付いているし、小学生の遠足の山という感じで、どうしてこの山が百名山に選ばれたか不明だが、深田氏の『日本百名山』を読んでみると、万葉の時代からの名山ということのようだ。選定理由はさておき、横浜に40年以上住んでいたが、一度も行ったことがなかった。手術後百名山を登り出してからは、一度は登るべきとは思ったが、六甲より更に低い山に、わざわざ関西から出かけるのも馬鹿馬鹿しく、何か機会があればついでに登ろうと考えていた。

ところが〈岳友との別れ〉の最後に書いた村田さんの追悼山行をみろく山の会の親しい友人たちで行うから参加しないかとの誘いがあった。村田さんは生前、自らがリーダーとなって日本分水嶺の全山縦走を始めた。青森県から山口県まで分水嶺を忠実に歩こうという遠大な計画である。まだ仕事をしている身では、おそらく20年近くかかるだろう。まずは関東近辺からということで結局、長野県の美ヶ原から山梨、埼玉、群馬、新潟、栃木、福島などのほぼ県境沿いに縦走して那須の北側の甲子峠まで来て倒れてしまった。この間で那須の西にある流石山をスキップしているので、そこを登ろうという計画である。

9月28日に総勢25名が横浜に集合してバスで那須の沼原湿原まで行き、そこから三斗小屋宿跡まで歩いてテントを設営。翌29日は素晴らしい快晴の中、大峠まで行き、ここにザックを置いて1時間ほど歩いて流石山の頂上に着いた。山頂で彼の写真を置き、花束を捧げて追悼会をした。天気は快晴、秋の日差しが暖かく、遠くまでよく見えて、彼の追悼にふさわしい日であった。下山路は山ぶどうのつまみ食いをしながら、会津側へ下り、待っていたバスで横浜に戻った。術後1年半でテント泊の登山ができるか不安であったが、トレーニングのおかげで登ることができた。

翌30日、つくば駅のロッカーに荷物を預け、軽い荷物で筑波山神社から登り出した。1時間50分で男体山の頂上へ、そこから山上の観光地を経て女体山へ。ここが最高点である。ちょうど12時過ぎで、つつじヶ丘へ下山したのは13時、往路を東京へ引き返し、実家に来ていた妻と東京駅で合流して帰宅した。村田さんのおかげで長年登る機会がなかった山を登ることができた。

41　石鎚山（いしづちさん　1982m　四国）2013年11月16日　68歳

流石山のテント山行で多少体力に自信がついたので、10月に芦屋の山の会「アルペン芦山」に入会した。正確には２０１２年の1月に入会していたのだが、２月にがんが見つかり手術となったので、入会してすぐ休会となり、このたび復帰したというわけである。入会前から知っていたＥ口さんから四国の石鎚山の天狗岳東稜に行かないかと誘いを受けた。

11月15日、Ｅ口さんと彼の友人のＳさんと3人で私の車に乗って出かけた。淡路島を通り松山へ、そこから地道を通って石鎚スカイラインの入り口に着いた。まだ時間があるので面河渓を見物。ここは四万十川より透明度が高いと言われる仁淀川の源流である。結局、石鎚山が仁淀川の源流ということになる。天気は快晴で、スカイラインの途中から見る石鎚山は槍ヶ岳のような岩峰で素晴らしい。この右端の岩稜が目指す東稜である。土小屋まで車で上がるとその先が今夜泊まる国民宿舎で、到着したのは15時半であった。今夜の宿泊者は我々3人を入れて４人。来週からはスカイラインが閉鎖され、この宿舎も閉鎖されるとのこと。標高は１５００mで結構寒い、炬燵に足を入れて更にストーブを入れてもらって寝る。窓からは瀬戸内海

石鎚山の南尖峰を石鎚スカイラインより。右の稜線が東稜で、翌日ここを登った。

がよく見えた。

16日、快晴の中、7時半に出発。すでに高度は1500mで頂上までは500m弱である。東稜には細い踏み跡があり、ルートを間違うことはなく、急な斜面を笹をつかんで登る。南尖峰の直下の10mほどの岩場が強いて言えば核心部だが、問題なく登ることができた。ヘルメットをかぶり、ハーネスを付け、ロープを持っていったが全く使うことがなかった。ここから天狗岳、石鎚本峰までは右手に北壁がスッパリと切れ落ちていて高度感があるが、問題なく登り、石鎚山頂上には11時20分に到着。人が一杯だが景色を眺めて昼食。遠くは霞んで見えない。自然監視員の人がいて、いろいろ説明してくれる。一瞬だが雲の切れ間から九州の由布岳や阿蘇山を望むことができた。四国から九州というと、えらく遠そうだが、距離的にはさほどでもないようだ。1時間ほど休憩して国民宿舎には登山道を経て14時に到着。往路を引き返し、自宅には21時に着いた。

結構楽しい山であるが、車で7時間ほどかかり、信州に行くほうが早い。この辺の不便さが良くも悪くも特徴と言える。

42 荒島岳（あらしまだけ　1523m　北陸）2014年4月2日　68歳

この山は福井の大野盆地の東南にあり、深田氏が自分の故郷の山として百名山に選んだということである。関西からは車で行けば日帰りも可能だが、公共交通機関で行けば登山口に着くのは昼前になり日帰りは難しくなる。結局、1泊するのなら水に不自由のない残雪期に中腹にテントを張って登ることにした。水に不自由がないというのは雪を溶かせば済むからである。メンバーはアルペン芦山のＥ口さんと女性のＨ中さんとの３人である。

４月１日、福井経由で九頭竜線の勝原で下車する。天気は快晴無風で、暑いくらいの天気である。この電車は１両編成のワンマンカーで、勝原は１日に４本しか止まらない無人駅である。10時半に到着。駅から25分でスキー場の跡地に到着。レストハウスは廃墟になっている。ここから一直線に登ってリフトの頂上駅の跡に12時頃に到着してここで昼食。この先から雪が出てくる。しゃくなげ平の手前の雪の平地に14時前に到着してテントを設営した。雪を掘り下げて作ったテーブルでティータイム。やはり残雪期の山は素晴らしい。日が傾いてくると寒くなってきたので、テントに入り、まずは雪を溶かして今夜と明日のための水作りを始めた。その合間にＥ口さん持参の日本酒で乾杯。夕食は豚汁で満腹となる。食後はコーヒー、紅茶とデザートでおしゃべりを楽しむ。寝る前にトイレのために外に出ると素晴らしい星空。一つ一つの星が明るく、何年かぶりに見る見事な星空である。遠く大野辺りの灯が見える。寝袋に入った頃から、風の通り抜ける音が大きくなった。

２日、ゆっくり準備をして６時半に出発。今日も快晴。しゃくなげ平を過ぎ、急登となる「もちが壁」の手前でアイゼンを付け８時40分に頂上に着いた。少し下って風を避け大休止。越前、美濃の境界の山々がよくわかる。少しずつモヤが晴れて目の前の白山がきれいに見えるようになった。テントには10時半に到着。ゆっくり昼食を食べてテントを撤収。後は下るだけ。蕗の薹はかなり大きくなって開いてしまっているので摘むこともなく、駅には13時半に到着。

１時間以上電車を待つ間、傍にある公民館を覗くと、人がいていろいろ資料をくれた。ノートがあり、感想文を書いてくれとのことで、更に写真も撮られた。写真と感想文が揃うのは何年ぶりかだと喜んでくれた。

おそらく何かの資料に使われるのだろう。ビールで乾杯をしたかったが、ジュースの自動販売機があるのみであった。この辺が唯一残念なところである。電車が九頭竜川を渡る辺りに車窓から荒島岳がよく見えた。ビールは結局、福井から乗り換えた特急の車内でようやく購入でき、乾杯となった。

43 大峰山（おおみねさん　１９１５ｍ　紀伊半島）２０１４年５月29日　68歳

大峰山は修験道の本拠地のような山々であり、山岳としては花の吉野山から熊野本宮までの一大山域である。北端の山上ヶ岳は現在も女人禁制を強いている山である。この山自体は私が高校1年生の時に登ったことがある。ただ大峰山系の最高峰はそれより大分南にある八経ヶ岳で、登ったことがなかった。そこで昔からの友人のN川さんに声をかけて、日帰りで登ることにした。

N川さんは私より1歳年上で、私を山登りに引き込んだ人で、大学時代も山岳部で活躍した人である。山登りはたまに、昔のOB仲間と行くくらいで、もっぱら山スキーが専門。普段はテニスが趣味とのことだが、六甲全山縦走を8時間以下で歩けるくらいのパワフルな人で、ついて行けるか心配だったが、こちらにペースを合わせてくれたので、問題なく歩けた。

5月29日の6時に車で出発し、行者還トンネルの西口駐車場に着いたのは8時50分であった。天気は晴れで、登り出してすぐシロヤシオツツジやシャクナゲの素晴らしい群生が現れた。これほど素晴らしいシャクナゲの群生はあまりないと思う。ところが奥駈道に出ると花はなくなってしまった。シロヤシオツツジの木はあるのだが、まだ開花していなかった。弥山でもほとんど休まずに歩いたので、八経ヶ岳には11時50分に到着した。ここでゆっくり昼食を食べて休憩。周囲は一面の山並みであるが、いずれも地味な山で、南アルプス深南部のような雰囲気である。12時20分に出発して駐車場には14時40分に着いた。結構早く歩いたので休憩を入れて６時間弱であった。

まだ時間があるので、トンネルを大台ヶ原のほうに抜け、入之波温泉（しおのはおんせん）に寄って一風呂浴びて帰った。ややぬるいが、源泉かけ流しでゆっくり休めた。家に帰ったのは19時であった。それにしてもこのコースは花のシーズンは出色のコースだが、花がないと平凡である。

44 天城山（あまぎさん　１４０６ｍ　伊豆半島）２０１４年６月11日　68歳

45 美ヶ原（うつくしがはら　王ヶ頭２０３４ｍ　八ヶ岳中信高原）２０１４年６月12日　68歳

46 霧ヶ峰（きりがみね　車山１９２５ｍ　諏訪湖北部）２０１４年６月12日　68歳

47 蓼科山（たてしなやま　２５３１ｍ　長野県八ヶ岳北部）２０１４年６月14日　68歳

義母の四十九日のため６月10日、東京に行くので、この機会にこれまた近くなのに行っていなかった天城山に登ることにした。更に、灘のスキー登山部の４～５年先輩方が年に一度、八ヶ岳の麓のＹ本さんの別荘に集まる会があり、そこに安藤さんとともに招待された。それが13日～15日とのことなので、それならこの二つを組み合わせて旅行計画を立てることにした。先輩方が声をかけて下さったのは、安藤さんと二人でスキー登山部の歴史の整理や部誌の復刻をしたため、仲間に加えてくださったのだろう。なお、これ以降もお誘いをいただいたが、いろいろ予定が合わず、結局この時だけになってしまったのは残念である。

この旅行は、かなり健康が回復してきたとはいえ長丁場なので不安はあったが、先輩方のうち2名は医師で、いざとなればお願いできるだろうという安心感もあった。

6月10日、家を3時20分に妻と一緒に車で出発し、お寺には10時45分に到着。ギリギリ間に合った。法要、お斎の会食後、14時半に出発。箱根の芦ノ湖の側の小さなホテルに泊まった。

11日、雨が降っていたが7時40分に出発。伊豆スカイラインを通って天城高原ゴルフ場の登山口に到着。雨具を着けて9時半に出発。万三郎岳には12時に到着した。雨の中で昼食を食べる。シャクナゲはすでにシーズンを過ぎていて全くなく、馬酔木も昨日からの雨で花はほとんど落ちてしまっていたが、道一面に釣鐘型の花が落ちていて、これはこれで趣があった。下りは涸沢分岐に降りて、ここからトラバース道を通って登山口に戻った。岩がゴロゴロしていて結構登り下りがあり大して面白くはないが、雨の中の新緑は美しく、これで天城山を片付けることができた。車に戻ったのは14時40分であった。帰りは修善寺に下りて大仁温泉で一風呂浴びて濡れたものを着替えた。その後、妻を三島で下ろして、妻はここから芦屋に戻った。私は車を飛ばして、茅野の行きつけのホテルに着いたのは20時10分であった。

12日、ホテルを9時に出て、美ヶ原の山本小屋の駐車場に着いたのは10時20分。バスが停まっていて小学生が沢山いる。雨具を着けて10時半に出発。雨と霧で何も見えないが、美ヶ原の頂上とされる王ヶ頭に11時15分に到着。これも百名山の一山である。早々に引き返し、山本小屋で蕎麦を食べた。12時半に出発して霧ヶ峰の車山の駐車場には13時10分に到着。この頃から雨が上がってきた。30分ほどで車山の頂上に到着。ただ、依然として眺望は得られない。車には14時に戻り、茅野のホテルには15時30分に着いた。風呂に入り、濡れたものを干す。夕方までひと眠りして、19時より昔の仲間と会食。仕事をリタイヤする前にいた会社の諏訪工場の若手連中である。全員が新しい会社へ移ったので、その後の様子を気にかけていたが、全員の顔色が明るいので安心した。

13日、先輩たちとの集合は12時に茅野駅ということで、ゆっくり出かける。安藤さんはＪＲで来られた。全員で昼食を食べ、Ｙ本先輩のバラ園を見学したり、温泉に入ったりしてＹ本先輩の別荘へ。先輩方は皆さん料理上手で、大変なご馳走。私はもっぱら皿洗い役であった。

14日、６時過ぎから朝食準備。朝食は先輩方のご要望で安藤さんが神戸から買ってきたフロインドリーブのパンであった。人間は昔食べたものはいつまでも覚えているようだ。食後に山に行くグループと観光グループに分かれて７時半に出発。私は当然山グループで、Ｏ倉さん、安藤さんと３人で車２台で出かける。今日は良い天気である。Ｏ倉さんの車を大河原峠に停め、私の車で七合目まで戻り９時前に出発する。蓼科山荘に10時20分に着いて、ここで昨夜残ったご飯で作ったおにぎりを食べる。ここから頂上までは樹林がなくなり、所々雪が残っていたが、45分で蓼科山の頂上に着いた。晴れてはいるが遠望は利かない。山頂小屋でうどんを食べて12時過ぎに下山を開始。大河原峠には13時45分に到着した。安藤さんと山に行ったのは実に53年ぶりである。まだ時間があるので、尖石遺跡の博物館で縄文のビーナスの土偶を見て、更に「縄文の湯」に入ってＹ本別荘に戻った。その夜も、なかなかのご馳走であった。

15日、この日も良い天気で、11時頃現地解散。安藤さんのお宅には17時頃到着した。

結局５泊６日の旅行で、百名山を四山登ることができた。いずれも簡単な山であるが、簡単でも難しくても一山は一山。加えて義母の法事と先輩たちとの懇親があり、有意義な旅行となった。

48　常念岳（じょうねんだけ　２８５７ｍ　北アルプス）２０１４年７月22日　68歳

49　焼岳（やけだけ　北峰２４４１ｍ　北アルプス）２０１４年７月23日　68歳

北アルプスは日本百名山の中では16座を占める一大山域であり、私自身も近隣の山々を除けば最も頻繁に登った山域であるが、まだ登っていなかった山は６山に上っていた。それは穂高や剱など何度も登った山があるが、すぐそばを通ったが山頂そのものに対して興味がなく素通りしてしまった山が結構あったからである。

６月に１週間の山旅をして結構健康に自信がついてきたので、翌月は有名ではあるが登っていない山で、かつ比較的登りやすい常念岳と焼岳に行くことにした。常念岳は梓川を挟んで穂高や槍と対峙して眺めが良いため登山客も多く、そこから槍ヶ岳までの稜線は表銀座と呼ばれる。

焼岳は上高地の大正池のそばに聳える活火山で、登山禁止になったりするが、これも簡単に登れる穂高の展望台として有名である。

７月21日、11時に１人で家を車で出て、安曇野ＩＣから一ノ沢の登山口には17時20分に着いた。私の車は後部座席を倒すと後ろの荷台とつながって１８０㎝のフラットなスペースが出来るので、登山口の駐車場に車を止めて、そのスペースに寝袋を敷いてゆっくり寝ることができた。

22日、天気は快晴で5時に出発。荷物は軽いので快調に飛ばし、小屋のある常念乗越には9時に着いた。天気が良いので目の前に槍から穂高への稜線が手に取るようで、本当に久しぶりの光景である。10分ほど休んで、常念岳の頂上へ。予想外に時間がかかって頂上には10時半に着いた。この頃から少し靄がかかってきて、穂高、槍の景色が鮮明度を失う。頂上には韓国から来た10名ほどのパーティーがいて、蝶ヶ岳から縦走して

常念岳を日帰り。小屋は表銀座と言われる縦走路。槍・穂高の展望台。

きたそうだ。知らぬ間にここでも国際化は進んでいる。11時前に下山を開始。下りはどんどん飛ばして登山口には15時前に到着した。15時20分に車で沢渡に向かう。途中で食料を調達して沢渡第2駐車場には17時半に到着。一風呂浴びたかったが、下りで飛ばし過ぎて左足の膝が少し痛くなったので、止めておく。この駐車場は立派なトイレと足湯があるが、足湯のほうも止めておいた。

23日、今日も晴れ。駐車場を5時10分に出て、20分ほどで中の湯からの焼岳登山口。路傍に駐車する。平日なのに結構車が停まっている。５時半に出発。しばらく登り、標高２０００mを越すと森林限界を出て眺めは良くなるが、靄がかかって遠望が利かない。やがて火口の淵に出る。すぐ先で水蒸気が噴き出ている。右手にマークがあり、岩壁の下を巻いてひと登りで頂上。８時40分である。眼下に上高地が見え、その対岸には霞沢岳が見える。地味な山だが、残雪期に2回出かけた素晴らしい山である。靄が晴れるのを待っていたが変化がないので、９時過ぎに下山を開始。車には12時前に着いた。

帰りは安房トンネルを抜けて平湯のバスターミナルに行き、ここで温泉に入り、蕎麦を食べて高山経由で帰宅した。最近、このターミナルの温泉はなくなったようだ。

50 剣山（つるぎさん　1955m　四国）2014年8月13日　68歳

お盆休みの間は台風11号が関西方面を直撃してその後も天候が悪化するとの予報であるが、13日だけは良さそうとのことなので、関西の百名山で残っている剣山に行くことにした。この山は宮尾登美子の小説『天涯の花』で有名になったキレンゲショウマの群生地で、この花の開花期が8月上旬から中旬なので、行くならばこれがチャンスと考えたからである。

自宅を5時に出て淡路島から高松道経由で徳島道に入り、見ノ越の駐車場に着いたのは9時15分であった。どうもお腹の調子が良くなく、山に登るような調子ではないが、ここまで来て帰るのも悔しい。リフトに乗って終点の西島からゆっくり歩く。歩き出したのは9時50分だが、頂上には10時半に着いてしまった。頂上付近は背の低い笹の高原で気持ちが良い。次郎笈までもこうした稜線が続き、なかなか良い感じである。一面の山並みで四国は結構山深い。昼食を食べて10時50分に出発。頂上から少し下りたところから「行場」に向かう。この道はほとんど人が通らないのか、完全な山道である。やがて岩場が出てきて道は左手に下っているが、右手から夫婦組が登ってきて、鎖があるとのことなので、そちらに向かう。20mほどの鎖場だが、狭いチムニーの中の湿った石灰岩で足場が摩耗していて滑りやすく、鎖がないと結構怖いところだろう。降りてみると注連縄が張ってあり、文字通り行場であった。この辺りからキレンゲショウマが出てきて、やがて群生地になるが、ほとんどがツボミで残念であった。むしろ帰りのリフトの横には満開のキレンゲショウマが見られた。駐車場に着いたのは12時半。写真を撮りつつ、ゆっくり歩いてこの時間であった。

まだ時間があるので奥祖谷二重かずら橋とか大歩危・小歩危などを観光して、自宅に帰ったのは6時45分であった。四国の山が日帰りできるというのは便利でもあるが、昔の神秘的な山深い土地という感じもなくなった。

51　恵那山（えなさん　２１９１ｍ　中央アルプスの南端）２０１４年９月15日　69歳

この山は中央アルプスの南端にむっくりと隆起した独立峰のような山である。その北側には神坂峠《みさかとうげ》があり、この峠は木曽谷から伊那谷に抜ける古東山道の要衝であったようで、修験道とも縁が深いらしい。日帰りで行ける山なので昔からの友人のN川さんを誘って私の車で出かけた。

９月15日、５時前に家を出て神坂峠には８時40分に着いた。天気は高曇りで蒸し暑く、靄が出ていて見通しも利かない。駐車場は一杯であった。頂上との標高差は６００ｍ程度だが、登り下りが多く、かつ森林帯で見通しも利かず、面白くない山である。頂上には13時に着き簡単に昼食。木が茂っているので眺望が悪く、そのため物見台があるが、登ってみても何も見えなかった。すぐに引き返し神坂峠には16時40分に着いた。休憩を入れて８時間であったが、ガイドブックでは休憩なしで８時間半なので、結構よく歩いたのかもしれない。出発点と頂上の標高差以上にしんどい山で、眺望なし、お花なし、岩稜などの見せ場なしと、良いところなし。どうしてこの山が百名山に選ばれたかだが、歴史的に有名だという以外に理由は見出せない。

帰りは地元の人に教えてもらった立ち寄りの湯に入り、交互に運転をして帰宅は23時であった。

52　両神山（りょうかみさん　１７２３ｍ　奥秩父・南関東）２０１４年11月11日　69歳

53　雲取山（くもとりやま　２０１７ｍ　南関東・東京都）２０１４年11月13日　69歳

奥秩父をはじめとする関東の山は、横浜在住の頃にはいつでも行ける山であったし、事実その周辺の山には何回か行ったのだが、当時は百名山には興味がなかったので、特に山頂に登ることもなかった。ところが百名山を登り出してみると、やはり一度は頂上に行かねばというわけで、アルペン芦山の方々に声をかけたが、結局手を上げてくれたのは岩登りの好きな女性4名で、私は唯一の男性という、喜んでいいのか悲しんでいいのかわからない状態で出発となった。なにぶんにも埼玉、東京の不便なところにあるので、私の車に乗って出かけた。

11月10日、朝7時に芦屋を出発して諏訪湖ＳＡで昼食。雁坂トンネルを抜けて埼玉県の中津川へ出る。この村営キャンプ場が今夜の宿である。まだ時間があるので、明日の登山口まで偵察に行き、登り口を確かめる。キャンプ場ではバンガローを一つ借りて入る。炊事場、トイレもあり、お風呂もあるが、今夜は全員入らない。宿泊者は我々だけで、間もなく今年は閉鎖になるらしい。夕食は女性陣が美味しいお鍋を作ってくれて、最後にうどんを入れて満腹となる。明日の準備をして寝袋に入る。

11日、昨夜のお鍋の残りにご飯を入れて作った雑炊を食べて6時過ぎに出発。上落合橋に駐車。登りは少し戻った仕事道から入る。ここは一応バリエーションルートで立入禁止の札がかかっている。全員ヘルメットを付けてスタート。傾斜は急だが踏み跡は明瞭でゆっくりと登る。やがて紅葉もなくなり冬枯れの木立になる。小さな沢を数か所横断するが、水はほとんどない。ただ12月に入って凍結するとロープを張ったほうがよさそうだ。最後にひと登りすると稜線に出た。ここにも立入禁止の札がある。ちょっと休んで５分も歩くと９時半に両神山の頂上に着いた。この少し手前で清滝小屋からの一般道が合流する。天気は晴れで快適だが、少し靄がかかって遠望が利かない。30分ほどゆっくり休み10時過ぎに八丁峠に向かって出発。頂上からすぐ鎖場が始まり、途中で東岳、西岳を越えていくが鎖場が延々と続き面白い。女性方もなかなか面白いと好評。西岳山頂には12時頃なので昼食。更に1時間ほどで八丁峠に着き、ようやく緊張感から解放された。平日なので逆コースで登ってくる人は少ないが、それでも７～８パーティーの人がいて、人数が多いと鎖場で渋滞が起こるだろう。上落合橋の駐車場所には15時前に到着。キャンプ場には15時半に着いた。天気が良くてまだ日が高く、周りは一面の紅葉で素晴らしい。今日も美味しい夕食を食べる。

12日。５時前に起きて、コンロでパンを焼く。なかなかうまくトーストが焼けて美味しい。荷物を車に入れて７時前に出発。来た道を引き返して雁坂トンネルを抜けて勝沼辺りに戻り、柳沢峠から青梅街道を丹波に向かって多摩川源流を下る。鴨沢から少し車で登ったところが駐車場。不要なものは車に置いて、歩き出したのは９時半。天気は高曇りで雨の心配はなさそうだが、遠望は利かない。良い道で間もなく七ツ石小屋。ここで気分が緩んでお汁粉を注文したり、コーヒーを飲んだりで30分近く休憩。ここからも道は明瞭で小雲取山に着いた時には霧の中であった。今夜の宿の雲取山荘までは雲取山を巻くように進むのだが、結構長く、嫌気がさしてきた頃に小屋に到着。小屋は大きくきれいで、値段も安い。部屋は我々だけで炬燵が入っている。夕食は貧弱だが、昔の山小屋を知る者にとってはご馳走の部類に入る。何か懐かしい昔の山小屋の感じが残る小屋である。

13日。４時に起床。朝食は５時前に出してくれるので助かる。ライトをつけて５時半に出発。今日は大快晴。雲取山の山頂には６時10分到着。まさに日の出で雪を被った富士山が目の前に聳えている。ここが東京都の最高峰である。都内に２０００mを超える山があるということは、関西人は意外に知らない。気温は大分下がったようで霜柱が立っている。少し雪雲があるのか南アルプスや浅間山は見えない。あとは景色を楽しみながら下るだけ。天気が良いので紅葉が素晴らしい。10時過ぎに車に戻った。ここで荷物の整理をして10時半に出発。双葉ＳＡで昼食を食べて、あとは一路芦屋に向かった。

54　燧ヶ岳（ひうちがだけ　２３５６ｍ　上信越・尾瀬）２０１５年６月９日　69歳

55　武尊山（ほたかやま　２１５８ｍ　上信越）２０１５年６月11日　69歳

アルペン芦山で尾瀬のミズバショウを見に行きたい、ついでに山もということで尾瀬の燧ヶ岳と至仏山を登ろうかと計画を立てたが、至仏山は5月連休以降は7月まで植生保護のため入山禁止とのことが判明した。ならば、尾瀬のそばにある武尊山を登ろうということで計画を立てた。メンバーは私を入れて男性3名、女性2名である。

6月7日、大阪を夜行バスで出発。行先は高崎駅行きである。初めて夜行バスに乗ったが、隣の人に当たらない3列シートで、しかもかなりフラットに近いリクライニング。トイレもあり、ほとんど車内灯のない暗さなので、熟睡できた。昔の夜行列車に比べれば雲泥の差、飛行機のエコノミークラスよりはるかに快適である。

8日、4時半に高崎に到着。駅前で朝食を食べて、6時23分発の列車で沼田へ。更にバスで大清水に着いたのは9時頃であった。天気は晴れで、爽快な気分で9時20分から歩き出し、途中で昼食を食べ、ミズバショウの写真を撮ったりしながら今夜の宿である長蔵小屋には13時に着いた。チェックインを済ませて空身で大江湿原から沼山峠を往復した。尾瀬はこの小屋のある尾瀬沼と、そこから少し下った尾瀬ヶ原の二つの見どころがあるが、ミズバショウは尾瀬沼のほうがきれいだと思った。

9日、長蔵小屋を7時前に出て長英新道から燧ヶ岳を目指す。今日はあいにくの雨で、雨具を着けて出発。長英新道に入ると雪道になる。1時間ほど登ると尾根道になり雪はなくなるが、今度は泥だらけの道になる。この辺りから雨は止み、まだ曇っているが尾瀬沼が一望である。俎嵓《マナイタグラ》の頂上には10時20分に到着して昼食を食べる。燧ヶ岳の頂上はここから30分ほど離れた柴安嵓で、標高は10mほど高い。荷物を置いて空身で往復する。柴安嵓からはちょうどガスの切れた尾瀬ヶ原が見える。俎嵓に戻り、あとはひたすら往路を戻るだけ。14時半過ぎに長蔵小屋に到着。泥だらけの靴やスパッツを洗い、傍のビジターセンターで尾瀬の展示やビデオを見る。小屋に戻ると乾燥室があり、濡れ物を干す。ちょうどツアーの客が到着して夕食の食堂は一杯だったが、部屋は昨夜と同じ部屋を使うことができた。いずれにせよ、ここはほぼ観光地だが、残雪と新緑、ミズバショウを楽しむには良い場所である。

10日、今日は素晴らしい快晴。尾瀬ヶ原に入ると人が増えてくる。青い空とミズバショウ、残雪は本当に素晴らしい。歩くにしたがって至仏山が大きくなり、燧ヶ岳が小さくなる。鳩待峠から戸倉へはタクシーで下り、更にバスに乗り換える。武尊口で下車して宿の迎えのワゴン車に乗る。20分ほどで花咲地区の民宿山喜荘に到着。お風呂は源泉掛け流しで夕食も山菜や自家栽培の野菜が豊富でご馳走。夕食後に外へ出ると素晴らしい星空。大満足で就寝。

11日、4時起床で朝食を用意してくれた。5時出発で武尊牧場スキー場の上まで車で送ってもらう。最終リフトの乗り場から歩き出す。次第に傾斜が急になり、前武尊との分岐からは結構雪が多く、面白い。頂上は広い台地で大きな標識がある。9時20分である。ガスが深く眺望は利かないが、ゆっくり休む。下山は前武尊のほうへ進む。途中に剣ヶ峰という岩稜帯があり、尾根通しに進むか大きく巻くかだが、尾根通しに進む。この辺りからシャクナゲが満開となる。前武尊の頂上は12時前でここで昼食を食べ、食後のコーヒーを飲んでゆっくりする。宿に電話をして迎えを頼み、下山開始。45分でリフトの終点のコンクリートの道に出た。この道を歩いていると下から迎えの車が来た。宿に戻って、もう一度お風呂に入ってさっぱりして15時に宿を出発。上毛高原駅まで送ってもらった。

武尊山は昔、川場谷を遡行をして登ろうとしたが、途中で遭難者の遺体を発見して引き返した山で、もう一つ印象の良くない山だったが、登ってみると結構楽しい山である。

56 黒部五郎岳（くろべごろうだけ　２８４０ｍ　北アルプス）２０１５年7月30日　69歳

57 薬師岳（やくしだけ　２９２６ｍ　北アルプス）２０１５年8月1日　69歳

黒部五郎岳は北アルプスの中央部にあるため登りにくい山ではあるが、私にとっては高校2年の時の黒部源流の合宿や、その後、大学院の時に剱から縦走してきて赤木沢を登り神岡に出たことなど、この周辺は馴染み深いところであるが、まだ頂上には登っていなかった。それと２０１０年の夏に黒部川の上の廊下を遡行して薬師沢の出合から登山道で折立に下山したが、薬師沢出合から源流までは高校時代には遡行しているとはいえ、半世紀ぶりに再度通ってみたいという気持ちも強かった。

そこで折立から薬師沢出合に入り、赤木沢を登って中俣乗越に出てそこから黒部五郎岳に登り、黒部五郎小屋に泊まる。そこから三俣蓮華小屋へ行き、鷲羽岳を登って黒部源流に下り、源流部を忠実に下って薬師沢出合に戻る。帰りは往路を引き返し、時間があれば薬師岳を往復するという計画を立てた。結果的には鷲羽岳は時間的に割愛したが、予定通りのコースを歩くことができた。メンバーは、みろく山の会で一緒に上の廊下をやったN中さん、H林氏と私が沢教室をやっていた時の受講生だったS原さんと男女が2名ずつ計4名である。

７月28日、１人車で芦屋を出て夕方折立に到着。横浜から来た3名と有峰ハウスで集合。29日、曇りであったが順調に進み、太郎平小屋には10時過ぎに着いた。1時間弱休憩し、薬師沢小屋には13時過ぎに到着した。毎年の大雪で小屋は大分傷んでいるのか、入り口に鴨居から分銅が吊り下げてあり、傾きが限界を超すと人を移動させるという恐ろしい小屋だが、まだ健在なようである。

30日、曇りである。6時前に小屋を出て黒部川の源流を遡る。赤木沢には2時間ほどかかって着いた。赤木沢は初心者向けの易しい沢だが、明るく非常にきれいな沢で、多くの遡行者を引き付ける。多くの登山者と出会うかと思っていたが、平日でもあり我々以外誰もおらず、静かな素晴らしい遡行を楽しむことができた。最後に雪田をしばらく登り、中俣乗越には11時過ぎに着いた。ここからは普通の縦走路になるので、沢靴を脱ぎ、沢装束を外して縦走の姿になる。昼食を食べて出発は12時になっていた。この頃より雨が降り出したので雨具を着ける。濡れた沢道具をザックに入れたので、ずっしりと重い。休まずゆっくり歩く。黒部五郎岳の肩に荷物を置いて空身で頂上に向かう。頂上に到着は14時であった。霧の中で何も見えず、証拠写真を撮って引き返す。置いてあったリュックを背負ってカールの底に下る。黒部五郎のカールは小規模だが雪渓と岩場、お花畑が美しく、晴れておればゆっくりしたいところだが、何も見えないので先を急ぐ。やがてコバイケイソウの群生する黒部五郎小屋に着いた。夕方から晴れてきて黒部五郎のカールも遠く望まれる。

驚いたことにこのような山奥に韓国の高校生がツアーで20～30人来ていて部屋は満員。蒲団2枚に3人という混み具合。とにかく計画の半分は終わった。ただ、今日のスピードからすると、明日は鷲羽岳を往復するのは時間的にかなり難しいので、鷲羽岳は取りやめて、三俣蓮華小屋から黒部源流に下りることにした。

31日、朝起きてみると大快晴で雲一つなく、槍ヶ岳、笠ヶ岳から北アルプスの全山が見える。小屋を5時半に出発。三俣蓮華の頂上には行かず、トラバース道を伝って三俣蓮華小屋には8時10分に着いた。ここからは槍ヶ岳の北鎌尾根が一望で、高校時代のことを思い出して感慨が深い。鷲羽岳を往復すると2時間以上かかるので、心残りだが昨日決めた通りここから黒部源流に下ることにする。小屋から源流に下りて、対岸を登り返して雲ノ平へと続く道があり、ここは簡単に源流へ下りた。その手前に「黒部川源流」の石碑が立っている。ここで沢靴に履き替えて黒部源流を下る。しばらく行くと200mくらい続く雪渓となる。これは厚みがありそうだが、両端の近くを注意して下る。雪渓が切れると次は大きなスノーブリッジがあり、これは危険なので草付を巻いて下った。

高校生の時には全く雪渓がなかったので、今年はよほど残雪が多いのだろう。この他にも小規模な雪渓があったが、崩落が怖いので、全て巻いて下った。2231mで左岸から流入する沢の辺りから雪渓はなくなり、あとは渡渉を繰り返して下るだけである。11時40分に祖父沢との出合に到着。高校2年の時は、ここにテントを張り4泊もした場所である。ちょうど黒部川本流と祖父沢に挟まれた河岸段丘があり、芝生のような草が一面に広がり、所々に樅の木の大木がある夢のような別天地であった。今回の山行の目的はこの場所を再び訪ねることにあり、昔の恋人に会うようなドキドキ感があったが、いざ現場に来てみると、半世紀の時間は当時の夢のような場所を消し去っていた。

おそらく鉄砲水が出たのだろう。河岸段丘は崩壊し、あの美しかった草原は消えて大きな石がゴロゴロと

黒部源流から帰宅の途中に、太郎平小屋に荷物を置いて薬師岳を往復。絶好の眺めである。谷間は黒部川上の廊下である。

して、石の間には夏草が茂っている、もうどこにでもある河原の光景になっていた。半世紀という時間は、自然も私も変えてしまった。ここで昼食をすることにして、仲間が休んでいる間に祖父沢を少し登ってみたが、昔の痕跡すら見出すことができなかった。残念だけれど、それでも私は満足であった。大病の後、再びこの地に立ち、これだけは変わらない青い空と木々の緑、黒部の流れに包まれていることは感謝以外に何と言えばいいのだろう。

ここからは水量も増えてきたが、快晴の空の下、渡渉を繰り返し、最後の赤木沢の出合では腰上まで浸かって渡渉をして、昨日のコースに戻った。あとは安全第一で下り、薬師沢小屋には16時20分に着いた。濡れ物を干して、玄関先のベンチで乾杯。私は術後発泡性のものは苦手になったので、ウイスキーのお湯割りで乾杯に参加。水に浸かって冷えた体に、お腹から温まる。

８月１日、今日も快晴。水を含んだ沢道具はずっしりと重いが、６時に小屋を出発。太郎平小屋までは２時間40分であった。上の廊下に行った時は２時間半だったので、まずまずのコースタイムである。ここで横浜組の３人と別れる。私のザックを小屋に預かってもらい、雨具と水、軽い食料を持って薬師岳に向かう。頂上には11時40分に到着。槍ヶ岳から剱岳まで北アルプスの全貌が見渡せる。東面のカールの下には黒部川の上の廊下の一部が見える。おそらく広河原の辺りだろう。あの辺りを遡行したのは2010年だから、すでに5年の歳月が経っている。12時前に下山を開始して小屋には13時40分に到着。ザックに荷物を入れて14時に下山を開始。最初は快適に進んだが、標高が下がるにしたがって暑くなり、耐えがたくなってくる。それでも頑張って折立には17時に着いた。民宿のガイドブックであわすのスキー場の民宿を見つけて予約。到着は18時20分であった。お風呂に入り結構なボリュームの夕食を食べて就寝。連日11時間の行動時間だが、何とか持ちこたえた。とにかく、よくやったという満足感に包まれた。

翌日の8月2日は早朝の3時40分に出発して、10時から始まる芦屋市の国際交流関係の仕事に間に合った。

58 宮之浦岳（みやのうらだけ　1936m　屋久島）2015年10月13日　70歳

59 開聞岳（かいもんだけ　924m　九州薩摩半島）2015年10月16日　70歳

60 霧島山（きりしまやま　韓国岳1700m　九州・霧島）2015年10月17日　70歳

以前から妻は屋久島に行ってみたいという希望があり、それなら一緒に屋久島へ行き、私は念願の宮之浦岳を登ろうということになった。なにぶんにも雨の多いところなので、空気の乾燥した秋に行くことにした。

10月12日、新神戸7時3分発のさくらで出発。鹿児島中央には10時58分に到着。鹿児島港から高速船で屋久島の宮之浦港へ。レンタカーを借りて安房の民宿に泊まった。
13日、妻はバスで白谷雲水峡へ1人で出かけた。私は3時半に宿を出て、淀川登山口に4時45分に到着。まだ真っ暗なので車の中で朝食のお弁当を食べる。5時半前にライトをつけて歩き出す。このコースは標高差は600mくらいだが、横に長いので結構時間がかかる。ちょうど4時間かかって宮之浦岳の頂上に着いた。30分休んで引き返す。この山は頂上近くに巨石や大きなスラブがあり、確かにこれは偉観だが今一つ魅力を感じなかった。有名な屋久杉は登山口より低いところにある。帰りに川上杉とか紀元杉とかを見学。宿に帰ると妻も戻っていた。ガイドブックのコースタイムよりかなり早く歩けた。

宮之浦岳の山頂付近にはこうした大岩が時々現れる。

14日、今日は妻と一緒に屋久島観光の目玉の縄文杉を見に行く日。昨日に続き、今日も晴れ。宿を4時に車で出発。4時40分に屋久杉自然館に到着。ここから荒川登山口までのシャトルバスに乗り換える。バスの順番は5時20分なので、それまで車の中で朝食を食べる。バスはぐんぐんと峠まで登り、そこから荒川登山口に向かって下る。下り切ったところが、昔の安房からのトロッコの軌道が残る場所である。ここからトロッコの軌道の上を歩く。枕木と歩幅が合わないので歩きにくい。1時間ほどで旧小杉谷部落の跡で中学校があった場所に着く。昔は中学校まであった大きな集落で、林業の盛んであった往時を偲ばせる。更に行くと辻峠への分岐である。その先が小杉谷山荘跡で、今は立派なトイレがある。ちょうど1970年の春、大学同期のM居君（白馬岳に一緒に行った）と2人で屋久島に旅行に来て、当時安房にあったユースホステルからひたすら軌道の上を歩いてこの先のウイルソン株まで行き、帰りはこの小杉谷山荘のところから辻峠を越えて宮之浦へ出たことがある。この年は2人とも大学院を出て就職するはずであったが、全国の大学紛争のせいで東大の卒業式が間に合わず、結局入社式は4月15日までずれてしまって、思わぬ春休みが出来たため、二人で屋久島や南九州の旅行をした。当時とは全く変わっていたが、なんとなく景色は面影が残っているようである。

更に1時間ほど歩いて、いよいよ山道に入る。急な登りを少しでウイルソン株。これは見覚えのある通りである。この辺りは杉の大木が多い。やがて突如として縄文杉が現れる。根を傷めないように大分離れたデッキから眺める。写真を撮って引き返し、途中で昼食を食べてトロッコ道に下りた。あとは単調な道を歩くのみだが、15分ほど歩いたところで妻が軌道に敷かれた板から足を滑らして転倒。左足首を捻挫した。テーピングをしようと思ったが「大丈夫」と言うのでゆっくり歩いた。ところが、小杉谷中学校跡の手前でまた転倒。同じところをまた捻った。これはかなり厳しいようで弾力包帯でテーピングをした。これで大分楽になったようだが内出血で青くなっていて、腫れも出ていた。救急車を呼べるような場所ではないので、頑張って歩くしか手がない。結構早く歩けたので16時のシャトルバスに間に合った。宮之浦の近くに徳洲会病院があり、17時を過ぎていたが訪ねてみると診察してくれるとのこと。X線写真を撮ったが骨折はしていないとのことで、結局湿布とテーピングの処置をされた。まずは無事で何よりだった。妻の万歩計では3万7700歩だったそうで、結構元気だったが、やはり足元の踏ん張りが利かなかったのだろう。

15日。今日も良い天気。車で屋久島を一周した。妻は動き回ることはできないので、大半は車の中で待っていた。ただ道路わきにはサキシマフヨウが満開で、結構楽しめた。16時発の高速船で指宿に渡りレンタカーを借りてホテルに入る。これは私の古稀の祝いに子供たちがくれた旅行券で予約したものである。錦江湾が正面で、開聞岳が夕日の中にきれいなシルエットで浮かんでいる。

16日。開聞岳に登る日だが、妻はホテルで静養。私は車で二合目登山口に登り、ここに駐車。今日も良い天気である。この道は北面から登り出して時計回りに東、南、西と山を一周して最後に北から頂上に出るという面白いコースの取り方になっている。９時頃から登り出して頂上には11時前に着いた。ほとんど森林帯を登るが、中腹以降はツワブキの花が至るところに咲いていて楽しめた。頂上には方向指示盤があり、種子島や屋久島も見えるそうだが、少し靄がかかって見えなかった。車のところへ下山したのは12時半頃。まだ十分時間があるので、長崎鼻の海岸に行く。ここからの開聞岳は絵葉書の通りの美しさである。確か高校の修学旅行で来たことがある。最後に最南端のＪＲの駅である西大山駅に行き、名物の黄色いポストの写真を撮って帰った。夜、荷物を宅急便で家に送り返した。

17日。今日も晴れ。ホテルをチェックアウトしてえびの高原へ。妻には高原のレストハウスをウロウロしていてもらって、私は急いで韓国岳を登りに出かける。11時20分に出て頂上は12時40分。ここは全く家族連れの世界。しかし、いかにも火山の山という感じで眺めは素晴らしい。15分ほどいて、あとは駆け下る。50分で車に戻った。帰途は林田温泉に入って汗を流し、鹿児島中央発18時３分のさくらで帰宅した。連日晴れであった。妻の怪我だけが残念である。

妻の山登り――

百名山の中で妻と登った山は、この九州の山のように結果として登れなかった山もあるが、登るつもりで出かけた山は11山ある。このような話を山の仲間にすると「奥さんも山をやられるのですか」という質問を受ける。そこで少し横道にそれるが、妻と山登りについて少し触れたい。

妻は高校時代にはガールスカウトの活動をしていたとのことで、キャンプなどは好きだったようだが、特に山登りをしていたわけではなかった。大学ではボーリング部だったとのことなので、全く山とは関係がなかったそうだ。就職してからは職場の先輩に山の好きな人がいて、時々は簡単な山に連れて行ってもらったらしい。その話は多少聞いていたのだが、結婚してみると当時有名な山友社たかはしの山靴を持っていた。これは本格的な登山靴で、私も同じ靴を履いていた。このような靴を持っているのなら、ということで丹沢に数回出かけた。ある程度、元気に歩くことはできたし、また高いところをあまり怖がらなかったので、結婚した年の夏休みに初めて揃って私の実家に帰る時、ついでに剱岳を登ることにした。剱岳はおそらく百名山では一番技術的に高いグレードにあり、中高年から山を始めた人にとっては大目標になる山らしいが、私は何度も行って別に大したことはないと思っていたので、帰省のついでに登ることにした。

第1日目は雷鳥沢から別山乗越を経て剱沢小屋に泊まった。別山乗越から剱沢を下っていくと剱岳東面の雄大な景色が広がる。これはよほど感動したらしく、「あのような場所が日本にあるとは知らなかった」と数十年経ってもその時の感動を語ることがある。翌日は剱岳を登る日であるが、霧が出てあまり眺望が良くなく、逆に高度感が薄れたということもあるが、怖がらずに岩場を登って頂上に着いた。下山も特に怖がらずに降りて剱沢小屋には予定通りの時間に着き、もう1泊した。翌日は皮肉にも快晴で、往路を戻り、富山経由で芦屋に戻った。この話をすると、中高年から登山を始めた人は感心するが、妻はそれほど大層ではなかったようだ。秋には北八ヶ岳の渋の湯から稲子湯まで抜けた。天気は素晴らしく良かったが、霜が一杯の非常に寒い日であった。帰宅後に妊娠していると聞き驚いたが、無事に元気な子供が生まれた。どうも基礎体力はあるようだし、この辺のあっけらかんとしたところが妻の取り柄だろう。子供が生まれてからはさすがに山には行けなくなり、ある程度子供たちが大きくなってからはオートキャンプに行ったりしたが、山登りに行く時間がなかった。

40代になって始めたボランティアの仕事の仲間に山の好きな人がいて、その人のグループに入っていくつかの山に出かけて行くようになった。その中の山行で立山に行くというのがあった。早朝に羽田を出て飛行機で富山へ、それから電車、ケーブル、バスを乗り継いで室堂へ、更に一ノ越まで行ってそこに泊まったとのことだが、そこで高山病になり一晩苦しんだらしい。一気に２７００ｍまで登ったので、無理もない話である。翌日は頂上に行く組と分かれて、友人と室堂まで下りたらしいが、下りてくると一気に回復したとのことである。これ以降、少し高いところに行くと高山病に近い症状が出るようだ。ただ、あまり標高の高くない、きれいな山をゆっくり歩くのは好きだとのことである。

もう一つ、やはり40代の初めの頃だったと思うが、５月連休に妻と小学生の息子を連れて丹沢の戸沢右俣の沢登りに行ったことがある。ここは私も初めてだったのだが、初心者向けの易しい沢とのことで、行けるだろうと思って行ったが、やはり初心者には無理だった。特に最後のガレ場ではルートを間違えてかなりやばい状態になり、ロープを出して2人を引っ張り上げたのだが、大分怖い思いをしたらしい。それ以来、「私は一緒には行かない。行きたければ自分で行ってください」ということになって、山登りには夫婦それぞれ別の行動を取ることになった。

別の観点から友人に言われることは「一人で雪山に行ったり、沢に行ったりして奥さんは心配しないのか」とか、「何か不平不満を言われないか」ということがある。これについては結婚前から、私が山好きだということは知っていたということと、どうもこの男の精神安定を図るには、好きなようにさせておくしかないと思ったのかもしれないが、とにかく山に行くことに関してクレームを言われたことはない。そういえば、私が部下の結婚式の仲人をして、新婚夫婦が挨拶に来られた時、会社の話になり、いろいろややこしい問題で苦しい思いをしたというような話になった。その時に若い奥さんが妻に「そのような時にはどのようにされるのですか」と質問した。妻の答えは「放っておきます」というもので、若い奥さんはえらく感心したことがある。晩秋の寒い八ヶ岳に妊娠していてもついてくるようなところといい、こうしたあっけらかんとしたところがあったからこそ、今まで私は山を続けることができたとも言える。

結局、二人で山に登るようになったのは、私が食道がんの手術をして、その後のリハビリに六甲に登りだした時に付き合ってくれた頃からであり、以降は易しい百名山を一緒に登った。私が岩山や沢など危ない場所に誘わなくなったからかもしれない。閑話休題。

61　巻機山（まきはたやま　1967m　上信越）2016年8月7日　70歳

巻機山の米子沢は岩床が延々と続く美しいナメで有名であり、一度は行ってみたいと思っていたが、横浜在住の時にはチャンスがなかった。関西に転居後もみろく山の会の会員であり続けているので、毎月情報誌が送られてくるが、それを見ていると黒部に行った時の仲間のH林さんがリーダーで米子沢に行くという計画が出ていた。そこで早速参加を申し込んだ。百名山の巻機山は登ったことがなかったので、一石二鳥というわけである。この沢は日帰りで遡行可能だが、下山後何時間も運転して横浜に帰るのは中高年にはしんどいということで、山頂近くの避難小屋で泊まるという計画である。当然荷物は重たくなるが、問題にするような連中ではなかった。

８月５日、新大阪を新幹線で出て17時半に海老名で集合。車２台で出発した。メンバーは７人である。23時半に登山口の桜坂駐車場に到着。テントを張って泊まる。

６日、晴れの良い天気である。６時前に出発してすぐに滝が始まる。特にロープを出すほどのところはないが、第一のゴルジュで一か所出した。しばらく次々と滝を登るが、11時過ぎに大ナメが始まる。ここがこの沢の一番の売り物であり、「天国に続くナメ」と言われるだけあって、広いナメが延々と続き爽快そのもの。天候も良く言うことはない。秋には辺りが草紅葉になって素晴らしいとのことである。ただ皆さんスピードが速くて少しずつ遅れる。若手のT中さんH口さんが荷物を分担してくれる。二俣まで来ればもう源流の趣で左俣をひと登りで避難小屋には14時に着いた。他に人はおらず、悠々と泊まることができる。早速、焼酎やウイスキーの水割り、お湯割りで宴会が始まる。

山では荷物の軽量化のため、できるだけアルコール度数

いよいよこの沢の見所の長大なナメが現れる。

の高い酒を持って行って、水割り、お湯割りにするというのが一般的である。夕食は各自が持ってきた乾燥食品やレトルト食品を食べる。驚いたのは一番若手のH口さんで、大型のタッパーウェアに多量のグラノーラを持ってきていて、2食はこれにカフェオーレのようなミルクの多い粉末コーヒーをかけて食べていたことで、1泊程度の山ではいつもこれだとのこと。多少かさばるが軽量であることや、そのままでも食べられるという点では合理的と言えるが、どうも私には馴染めない。やはり時代が変わってきているのだと思わざるを得なかった。

もう一つ面白いのは、ここのトイレで、排泄物とおが屑を混ぜて発酵させるバイオトイレであることだが、このシステムが面白い。トイレに入ると車輪のない自転車があり、これに跨ってペダルを漕ぐとおが屑が撹拌される仕組みである。まず個室に入ると自転車に跨って20秒ほどペダルを漕ぎ、次に腰掛式の便座で用を足し、使ったトイレットペーパーは備え付けのポリ袋に入れて持って帰る。最後にもう一度、ペダルを20秒ほど漕いでから個室を出ることができるという先進的なエコトイレのシステムであった。そのため室内にあるが、匂いもせず快適であった。ただ春先や晩秋から冬は発酵が進まないと思われ、屋外にその時のためか昔ながらの汲み取りトイレもあった。

7日、今日も良い天気である。4時に起床して20分ほどで巻機山の頂上に着いた。日の出を見て小屋に引き返し朝食。6時に出発。ニセ巻機山からは大源太山や谷川岳が素晴らしい。駐車場には9時50分に着いた。帰りは新島田温泉で汗を流し、私は本厚木まで送ってもらってここで解散した。小田原駅では4分しか待ち時間がなく、駅の構内を必死に走ってようやく間に合った。

62 皇海山（すかいさん　２１４４ｍ　日光）２０１６年11月１日　71歳

63 赤城山（あかぎさん　１８２８ｍ　北関東）２０１６年11月２日　71歳

64 草津白根山（くさつしらねさん　本白根山２１７１ｍ　上信越）２０１６年11月２日　71歳

65 四阿山（あずまやさん　２３５４ｍ　上信越）２０１６年11月４日　71歳

すでにこの年の9月に71歳になった。まだ百名山は40座近く残っている。この調子でやっていると後期高齢者になっても登り切れない。そこで少し百名山に力を入れて登ることにした。アルペン芦山の仲間に車で一気に四山を登る計画を提案したところ、男性1名、女性2名、合計3名の仲間が手を上げてくれたが、そのうちのI居さんがどうしても白砂山を登りたいと希望を出されたので、結局五山を登ることにした。私を入れて男女２名ずつ、合計４名で、車で出かけるには好都合である。いろいろ皆さん予定があり、結局雪の降り出す直前にこの五山を４泊５日で登ることにした。

10月31日、早朝芦屋を出て沼田ＩＣには12時半に到着。昼食の後、沼田街道を尾瀬の方面に進む。この街道は昔は尾瀬沼辺りを通って会津若松まで続いていたらしいが、尾瀬に入る大清水で道路はなくなっていて、あとは尾瀬への登山道となる。吹割の滝は尾瀬に向かう途中の片品川にかかる滝である。大きな一枚岩がパックリ割れてナイアガラ状に落ちる滝で有名な観光場所。滝の左岸から入って滝の上流で右岸に渡りぐるりと一周する。その後、近くの老神温泉の宿には15時半に到着。

11月1日、6時に宿を出て栗原川根利林道を経て、皇海山登山口には7時35分に着いた。このコースは皇海山への最短コースだが、登山口までの林道が酷い悪路で、この通過が最難関と言われていて、遠回りだが根利のほうから行くほうが安全との宿の人のアドバイスに従った。宿を出る時は小雨が降っていたが、登山口では曇りになっていた。スタートは7時50分。急な谷間の道を登ると不動沢のコルに出た。ここは日光方面から鋸山に登り、更に皇海山へと続く尾根の鞍部である。一休みの後、1時間弱で皇海山の頂上に着いた。10時40分である。この頃には日も射してきて遠望も利くようになった。不動沢のコルまで下り、風を避けて昼食。ようやく完全な晴天となった。素晴らしい晴天と唐松の黄色い落葉の中を下る。落葉松の細く短い葉が道一杯に広がり、赤い紅葉とはまた違った清潔感の溢れる秋の山である。駐車場で単独行の人に出会い、栗原川林道は十分車が通れるとの情報を得たので帰りはこのルートを下る。この道はいたるところに紅葉のビューポイントがある。そのまま渋川駅まで行き、駅前のホテルに泊まった。渋川の駅前は予想していたより暗く、その近くの居酒屋で夕食。焼酎のボトルを1本買い、まずは百名山の一山目登頂を祝って乾杯。なお皇海山という山は百名山中でも最も無名の山かもしれない。地味な山ではあるが、確かに独特の味がある山である。

2日、5時半に宿を出発。カーナビを赤城山の登山口にセットする。赤城山登山口である黒檜山登山口の駐車場を出発したのは7時20分。頂上には1時間半で到着。晴れているが雲が多く遠望は利かない。本来この山は広大な裾野を持つ山であるが、山頂近くに大沼という広い湖があり、一帯が観光地となっていてドライブウエーも整備されているので、今回のようにただ頂上に行くだけなら、軽いハイキングの山となっている。下り出した頃から続々と人が登ってくる。登山口を10時半に出て、今度は草津白根山を目指す。この山も大きな裾野を引いた山で、麓には草津温泉があり、ドライブウエーが山頂近くを通って志賀高原につながっている。草津白根山は活火山で、見どころの湯釜は噴火の危険があるため1㎞以内は立入禁止となっている。そこでロープウエーで登り本白根山を登ることにした。下から見ると上のほうは白く、雪が降ったようだ。この頃には天気は高曇りとなっていた。山頂駅に着くと道にはうっすらと雪が積もっている。本白根山の頂上は植生保護のため近づけないが、そばの中央火口は雄大で気持ちが良い。本白根山展望所が一応の頂上。鏡池を回って山頂駅へ戻り、ロープウエーで下山。草津温泉の小さなペンションに宿泊。草津温泉の有名な湯畑を観光し、夜は豪華なフルコースで、これで1泊７０００円とは信じがたい。とにかく一日で百名山を二山登ることができた。

四阿山頂上付近、特に北面は素晴らしい霧氷である。

３日、朝食はコンビニで買ったもので各自で済ませ、５時半に出発して野反湖へ。今日も良い天気である。誰もない駐車場を６時40分に出発して白砂山に向かう。ここから頂上までは、標高差は６００ｍほどしかないが、上り下りが多く、頂上に着いたのは11時20分であった。北側の斜面は一面の霧氷で、非常に美しい。ここを希望していたＩ居さんは大満足。昼食をして下山開始。登山口には15時30分に戻った。昔から山好きには有名な山で、私も憧れていた山だが、しんどい山という印象が強い。ちなみに志賀高原から白砂山、そして谷川岳へと続く長大な山稜が日本分水嶺である。白砂山から北へは道はないが、尾根が苗場山へと続いており、冬は雪深い地域である。ここから車を飛ばして菅平のロッジへ。昨夜の宿があまりに良かったので、この宿は今回の宿では一番良くなかった。もっとも、山小屋と考えると十分合格範囲ではあるが。

４日、５時に出発して鳥居峠から林道に入る。林道終点の駐車場に車を止めて、５時50分ライトをつけて出発。やがて日が昇って良い天気になる。ただ頂上付近は雲に覆われ、風が強い。果たして頂上まで行けるかと危ぶまれるが、とにかく行けるところまで行くことにする。風に備えて雨具の上下を着込む。やがて木が生えていないガレ場の尾根に上がると猛烈な風になる。頑張って登ると、突如風が止み、頂上の雲もなくなって一転大快晴になった。周り一面は霧氷で素晴らしい景色。四阿山頂上には８時半に着いた。３６０度の大展望である。ここが今回の百名山の四山目で、かつ標高では一番高い２３５４ｍである。天候、景色とも今回の山行では最高。軽く食事をして下り出すと、登ってくる人も結構多い。唐松の黄色い落葉の中を下る。天気が良くて落葉がキラキラと輝き、心が洗われるような情景である。車に戻ったのは11時。ここから上田菅平ＩＣに下り、行きと同じ道を通り自宅には19時頃帰宅した。

66　蔵王山（ざおうさん　１８４１ｍ　南東北）２０１７年６月12日　71歳

67　吾妻山（あづまやま　２０３５ｍ　南東北）２０１７年６月13日　71歳

68　安達太良山（あだたらやま　１７００ｍ　南東北）２０１７年６月14日　71歳

69　磐梯山（ばんだいさん　１８１６ｍ　南東北）２０１７年６月14日　71歳

この年の5月末の総会で芦屋市国際交流協会の会長を退任して随分身軽になったので、残った百名山にもう少し力を入れて登ることにした。もともとこの山行は飯豊山を登ることであった。飯豊山は全国でも屈指の豪雪地帯で、２０００ｍ強の山としては驚くほど豊富な雪渓を持ち、しかもどこから登っても普通は山中で1泊以上はかかる百名山では難しい部類に入る。加えてこの山には石転び沢雪渓という全長３㎞に及ぶ大雪渓があり、これは日本アルプスにも負けぬ規模である。ここを登って飯豊山に立とうという計画であった。名前の如くこの雪渓は落石が多いので、雪の豊富な６月頃が条件は良い。そこで梅雨の直前を狙って計画を立てた。

一方、アルペン芦山の長老にＦ沢さんという方がおられる。この方は米沢の出身で夏の間は米沢におられ、雪が降り出すと関西に住むという優雅な生活をしておられて、一度米沢に来いとお誘いを受けていた。そこで、飯豊登山の後、Ｆ沢さんのお宅に伺い、その後、吾妻山など周辺の易しい山を登ろうという盛り沢山の計画を立てた。しかし主目的は石転び沢雪渓から飯豊山である。会で参加者を募ったところ手を上げたのは女性のＯ田さんと男性のＡ川さんの２人で、結局３人で芦屋から車で出かけることにした。結構な長距離ドライブだが、Ａ川さんは運転が得意で、２人で交代しながら運転をすれば問題はなかった。

６月９日、５時半に待ち合わせのＪＲさくら夙川を出て北陸道を進む。荒川胎内ＩＣを出て昼食。国道から林道に入り、終点の飯豊山荘には15時前に着いた。ここに車を置いて翌日から登ることになる。車で10分ほど戻った梅花皮（かいらぎと読む）山荘が今夜の宿である。源泉掛け流しの温泉と山菜、岩魚などのご馳走で大満足。ＴＶの予報では明日の雨は避けられないようである。

10日。朝は早いので前夜に作ってもらったおにぎりを食べて5時半に出発。飯豊山荘の駐車場に車を止めて雨具を着けて5時50分に出発。温身平（ぬくみだいら）までは良い道だったが、そこからは結構な悪路になる。道は左岸に付いていて左下には崩壊した雪渓が見えるようになる。8時前に雪渓に降り立つ。ここから標高差で1200mの雪渓歩きが始まる。アイゼンを付け、落石に備えてヘルメットをかぶり、ピッケルを持って登行を開始する。今夜の小屋は無人小屋なので、寝袋から食料まで一切を担いでいるため荷物も重い。我々とガイドツアーのメンバーが10人弱、それと6人ほどのパーティーが前後して進む。1480mで一休みして、いよいよ最後の急斜面を登る。

やがてインゼルと言われる土の出たところを登るが、ここで6人パーティーの3~4人を追い抜いた。インゼルを抜けると再び雪の斜面になるが、この頃になると雨は本降りになり雷も鳴り出して風が強くなった。ただ気温はそれほど下がらないことが幸いした。後から聞いたところでは、同行の2人は雷がそばで鳴り、かなり怖い思いをしたようだ。確かに雷は怖いが、隠れるような場所はないし、雨の中で下手に停まってしまうと、低体温症のリスクもあるので、ゆっくり登るしか手がない。この辺は経験と勘ということになるだろう。雪面の傾斜も急になり、先行者の足跡を拾いながらピッケルを刺してゆっくり登る。雪がなくなって再び土になったと思ったら、数m先に小屋があった。ここが飯豊の主稜線で小屋は梅花皮小屋。到着は13時ちょうどであった。

小屋の中は先に着いたガイドツアーの客で結構混雑。濡れ物を全てロープに吊り下げ、びしょ濡れになった靴下を絞る。ようやく一段落するとなかなか快適な小屋である。トイレも清潔でしかも小屋の中にあるので助かる。まずはホットウイスキーで温まる。そうこうしているうちに先ほどの6人パーティーの人がトランシーバーで騒ぎ出し、やがて一人がびしょ濡れのザックを担いで現れ、次に大きな男性が担がれて上がってきた。低体温症になったようで、仲間がカイロを脇の下に入れたりマッサージをしたり（これは本当は良くないが）して温めた結果、元気になった。大したことにならず何よりだが、パーティーがバラバラになるのは感心しないことである。夕食はアルファ米とレトルトで簡単に済ませた。小屋の外は激しく荒れていて、この調子では明日の飯豊本山往復は諦めざるを得ないようだ。シュラフに入ってもなかなか寝付けず、何度も目が覚めてトイレに行く。

11日。雨は止んだようだが、濃霧と風は強い。飯豊本山に行くのは論外。ガイドツアーは風に吹かれるリスクより石転び雪渓を下りるリスクのほうが大きいと考えたのか、梶川尾根を下るという。６人組は往路の雪渓を下りるという。我々も風を避けるためと、長い雪渓を下る訓練を兼ねて往路を下ることにする。出発は我々が一番最後でゆっくり準備して下った。中腹まで下りてくると日が射してきたが、山頂はまだ雲の中である。この頃から登ってくる人も多い、山菜取りが多いようだ。登山口についてお湯を沸かしてコーヒーを飲む。そうこうしていると梶川尾根へ行ったガイドツアーの人たちが下りてきた。予定より一日早く下りてきたので、この際、予定外であった蔵王に行くことにして、山形に向かう。

車の中からインターネットでＪＲ山形の駅前にあるビジネスホテルを見つけて予約。当日なのでシングル３２００円と激安。ちょうど16時に到着。結構きれいな部屋で、コインランドリーで洗濯をして乾燥機で乾かし、山登り前の状態にリセットした。夕食は山菜料理の店に行って、無事下山を祝って乾杯。楽しく過ごした。とにかく怪我もなく無事に下りてくることができて何よりであった。

12日。７時過ぎにホテルを出て蔵王ロープウエーの駅に８時前に到着。８時20分発のロープウエーに乗る。山頂駅を９時に出て９時40分には蔵王山（熊野岳）の頂上に着いた。弱い雨が降っていて何も見えないので早々に下山する。まずは百名山を一つゲットしたことになる。ロープウエーで下山し、Ｆ沢さんに電話をして14時に米沢の上杉神社で待ち合わせることにした。ここから米沢に向かう道は「蕎麦街道」と言うくらい蕎麦の名所とのことなので、昼食は蕎麦を啜った。上杉神社は昔、妻と来たことがある。ここには上杉鷹山の「なせば成る……」の有名な石碑がある。F沢さんと出会い、小野川温泉で一風呂浴びて、F沢さんのお宅へ。豊富な山菜料理や米沢牛のすき焼きを頂き、動けないくらい満腹になった。いろいろ話は尽きない。

13日。美味しい朝食を頂き、8時20分に出発する。30分で吾妻山の天元台のロープウエーの乗り場に到着。天気は曇りだが、雨が降っていないのが助かる。ロープウエーに続いて3台のリフトを乗り継ぎ1810mまで上がる。ここから頂上までは200m強である。ここは結構残雪が多いが、赤布がシッカリついているので、それを辿れば問題はない。途中、雪がなくなったところには池塘が何か所もあり、雪が消えると辺りは素晴らしいお花畑になるだろう。西吾妻山の山頂は林の中で、山頂の道標がなければ通り過ぎてしまいそうな場所。ちょうど12時である。これが百名山の二山目。少し下った木道で昼食。F沢さんから頂いたおにぎりや山菜の煮つけ、漬物類など、これぞ山の飯という美味しさである。これで天気さえ良ければ言うことはない。車に戻ったのは15時。ここから安達太良山の麓の岳温泉に向かう。まずはロープウエーの乗り場を偵察して民宿へ。宿のお風呂は温泉ではないので、歩いて5分ほどの共同浴場に行く。結構熱い湯で最初は驚いたが、真っ白なお湯で、慣れれば良い湯である。夕食も十分満足できた。

14日。8時に宿を出てロープウエーへ。曇っていて遠望は利かないが、快適に登れる。頂上駅から1時間強で安達太良山の頂上に着いた。9時50分である。これで三山目。智恵子抄の有名なフレーズ「あれが安達太良山あの光るのが阿武隈川……」を思い出したが、どこが阿武隈川かわからない。下山後は磐梯山の八方台登山口に向かう。途中でおむすびを買い、登山口でF沢さんから頂いた山菜をおかずに昼食。13時過ぎに出発。この頃には晴れ上がって素晴らしい雰囲気になった。上から下山してくる人はいるが、この時間から登るのは我々だけ。2時間で登り、磐梯山の頂上は15時過ぎであった。先ほど登った安達太良山は目前だが、山頂付近は雲がかかっている。これが百名山の四山目である。車に戻ったのは17時。宿は五色沼のペンションで20分で着いた。なかなかきれいなペンションで、お風呂は沸かし湯だがさっぱりする。夕食は馬刺しまでついて、これまた満足であった。当初の目的の飯豊山には登れなかったが、石転び沢雪渓は登ることができたし、百名山は四山登れたのでまずは満足のできる山旅であった。最後の夜である。

15日。朝から素晴らしい快晴。今日は帰るだけだが、せっかくなので五色沼を散策することにする。五色沼入り口から弁天沼まで往復し、９時20分に出発。○田さんの家のそばまで送り、帰宅は19時であった。結局６泊７日の長旅で、連日どこかしら山に登っており、特に最後の14日は一日に百名山を二山登ったが、体調を壊すことなく全員元気に愉快に過ごすことができた。

70　鷲羽岳（わしばだけ　２９２４ｍ　北アルプス）２０１７年８月４日　71歳

磐梯山から帰って5日後、介護施設に入っていた母が心不全で倒れた。ちょうど私が母のところへ出かけた時で、施設に着くや施設の人が駆け出してきて、先ほど母が倒れたので救急車を呼んだところですとのことであった。そのまま病院に付いて行き、緊急入院となった。年齢的にステントなどの手術はリスクが高いとのことで内科的処置で様子を見ることになった。ＩＣＵに入っており、主治医からは「いつ何があってもおかしくないので、親族に連絡をされたほうがいい」と言われ連絡を取ったところ、孫たちも続々とやって来た。それだけ孫たちの尊敬と人気を集めていた母であった。そのようなことで、夏には北海道の山を登る予定で交通機関の予約をしていたが、全てキャンセルした。一時はもう駄目かと思ったが、元気を取り戻しＩＣＵから一般病棟に移り、更に「早く介護施設に戻りたい」と言い出して、リスクは残っていたが７月24

日に退院した。もちろん大分弱っていたが、今までとほとんど変わらぬ生活をしていたので、短時間で一昨年登り損ねた黒部源流の鷲羽岳を登ることにした。A川さんが同行してくれるので、2泊3日の計画を立てた。

8月3日、早朝の3時50分、A川さんをJRさくら夙川でピックアップして新穂高温泉に向かった。天気は曇り一時雨というところで、新穂高の駐車場を9時20分に出発。ワサビ平小屋を経て蒲田川左俣の道を登る。この道は高校2年生の時に通った道である。当時は直接大ノマ乗越へ登っていったが、いつの間にか道が変わり、鏡平経由となっている。鏡平小屋には14時半に到着。ここは池塘に映る槍ヶ岳や穂高が素晴らしく、写真を撮る人で一杯である。ただこの日は天気が今一つで、槍や穂高は見えない。ただ夕方、月が出て、これが池の面に映り幽玄な雰囲気になる。携帯電話で家に電話して母の様子を聞くが、問題なさそうで一安心。

4日。4時50分に小屋を出て双六小屋へ。ここから大きく双六岳の山腹を巻く道に入る。目の前には目標の鷲羽岳が大きく聳え、あれを登るのかと思うとやれやれという気持ちになる。道自体は雪渓が豊富で、高山植物も多く、それなりに楽しめる道である。三俣蓮華小屋には9時40分に着いた。一昨年はここから黒部の源流に下りたところである。一休みして荷物をザック一つにまとめて小屋に預かってもらい、軽い荷物で登り出す。頂上へは無駄のない一直線の登りで、標高差400mを1時間15分で登り、頂上には11時過ぎに着いた。足の下には黒部の源流が這い上がっており、一昨年登った黒部五郎や薬師岳がよく見える。下りはひたすら歩いて双六小屋には15時過ぎに着いた。ここからは2時間もあれば鏡平に戻れると思ったが、結構登りがありこれはこたえた。小屋には17時ちょうどに到着。結局行動時間は12時間でほとんど休まなかった。久しぶりのハードワークであった。

５日。５時過ぎに小屋を出る。今日は天気が良くて槍ヶ岳や穂高が一望なので池に映った山脈の写真を撮る。まだ日が昇っていないので、槍ヶ岳山荘の灯が見える。年齢を考えるとこの光景を見るのもこれが最後かもしれないが、思い残すことはない。駐車場には９時13分に着いた。平湯温泉のバスターミナルで温泉に入ったが、まだ人はおらず貸し切り状態。家に帰ったのは15時半であった。

71　朝日岳（あさひだけ　大朝日岳１８７１ｍ　東北）２０１７年８月24日　71歳

朝日岳というのは総称で、最高峰は大朝日岳である。この山の標高はそれほど高くないが、飯豊山と並んで東北の山の双璧である。幸い退院後の母の容態は安定していて、当分大丈夫と思われたので、朝日岳、鳥海山、月山を登る計画を立てた。アルペン芦山の仲間に声をかけたところ、I居さん、O本さん、A川さんが手を上げてくれた。今回も女性２名、男性２名で、車で出発することにした。

８月23日、ＪＲのさくら夙川を５時半に出発して北陸道を走る。荒川胎内ＩＣは12時半で、ＩＣを出たところのうどん屋で昼食。今夜の宿「朝日鉱泉ナチュラリストの家」には16時15分到着。結構きれいな宿で、宿泊客は我々の４名のみ。ここは携帯もＴＶも入らない。ただＢＳ放送と衛星電話は可能である。ＢＳＴＶでの天気予報では明日は15時頃から雨との予報。小屋の主人も早めに出発したほうがいいとのアドバイス。朝食のおにぎりを頼んでおく。夕食は山菜が豊富で、ワインを１本買って前祝いをする。

24日、今日のコースは朝日川沿いに付けられた道を進み、二俣から中ツル尾根に取り付いて、ひたすら登ると大朝日岳の頂上に出るという最短コースで、日帰りができる唯一のコースでもある。またこのシーズンはアブの発生が懸念されるので最初からアブ除けの雨具を着け、防虫ネットをすぐ出せるようにして出発した。時刻は4時半、ライトをつけての出発である。

川沿いの道は整備されており、問題はないのだが、右岸から入ってくるハトアサ沢とその手前の沢を横切る橋が鉄砲水で流されており、一度川底まで下りて飛び石伝いに渡らねばならない。もう1か所、二俣の手前で朝日川の川原を歩くところがあって、ここがもし増水すると、問題となる箇所だと思った。中ツル尾根に取り付く前に水筒に水を入れる。ここから頂上まで水場はない。尾根に取り付くと急登が始まる。この頃から時々雨がぱらつき出す。七合目辺りから森林限界を越えてお花畑が現れるが、霧と雨のためにゆっくり鑑賞している時間はない。11時10分に大朝日岳の頂上に到着。何も見えないので証拠写真を撮って少し下り、這松の陰で昼食を食べる。ここからは携帯が通じるので、家に電話をして母に異常のないことを確かめる。

11時半に下山を開始するが、この頃より急にすさまじい雨と風になる。霧の向こうに見え隠れする小朝日岳の山腹には数百mの滝が何本も現れて、すごい光景になる。この調子では登りの時に懸念した場所の通過が危ぶまれるので、急いで下る。二俣から朝日川沿いの道に入ったが、間もなく懸念していた川原部分。す

下山路での最難関は、このハトアサ沢の徒渉点。登りの時には水はちょろちょろ流れている涸沢であった。

でに水はくるぶし以上になっていた。15時過ぎに宿の主人が迎えに来た。北陸、東北に大雨警報が出たので心配して迎えに来たとのこと。よく川原の部分が通れましたねと感心されたが、もう少し水位が上がっていたら通れなかったかもしれない。主人に聞くと例のハトアサ沢とその下の沢は自分は何とか渡渉できたが、これから行けるかどうかはわからぬとのこと。

果たしてハトアサ沢に着いてみるとすさまじい濁流が流れていて、ちょっと考え込んでしまう。宿の主人はしばらく待って小降りになれば30分ほどで減水するから待ちましょうとの意見。なんといっても地元の人の意見を聞くのが一番としばらく様子を見ていたが、雨はますます激しくなり水位も上がってきている。大雨警報の出ている状態が数時間で改善するとも思えず、強行突破を提案。太ももまで水に入るが水流の上のほうに飛び石伝いに登り、そこから水面に出ている岩をホールドにすると案外簡単に渡れた。これは沢登りの経験が役に立ったところだが、濁流の渡渉は水深がわからないのでかなりの恐怖感がある。これでルートは開けたので、宿の主人の力を借りて女性も全員渡ることができた。この沢の下流にあるもう一本の沢は、膝下の渡渉で問題なく渡れた。このため40分以上時間を食ったが、あとはひたすら下るのみ。全員びしょ濡れで疲労困憊だが、暗くなる前の17時45分に宿に着いた。13時間以上の行動であったが、全員無事に下山できた。

雨具など濡れ物をハンガーに掛け、女性からお風呂に入ってもらう。温かいお湯に浸かり、乾いたものに着替えるとようやく生き返った。夕食は昨日同様山菜が豊富で美味しい。ビールで乾杯して無事を祝った。BSTVで見ると、大曲の有名な花火大会も中止になりそうとのこと。とにかくこの調子では鳥海山や月山は無理なので、計画を変更して明日は酒田や象潟を見学し、一日早く帰宅することにした。

宿の主人が言うには、これほどの急激な増水で迎えに行ったことはないそうだ。よくあるのはバテてしまって暗くなっても下りてこないケースで、特に秋は多いらしい。私が撮った小朝日岳の山腹がすさまじい滝になる写真を見せると、このような光景は見たことがないとのことで、帰宅後メールで送信してあげた。他の登山者の啓発に役立ててもらえれば幸いだと思った。

25日。疲れたので6時に起床。7時から朝食。宿の主人が言うにはこのまま雨が続くと、林道が通れなくなる可能性もあり、できるだけ早く降りたほうがいいとのこと。8時半に出発。この頃から雨が上がり、晴れ間が出てきた。鶴岡の駅でI居さんを下ろし、残りの3人で酒田や象潟を見学。象潟の宿に泊まった。この頃には完全に晴れ上がり、鳥海山もきれいに見えた。温泉に入り、日本海に沈む夕日を眺めた。宿の近くに食事をする場所がないので、お寿司を買って帰り、宿の部屋で宴会をした。

26日。7時に宿を出て〇本さんの家に17時半に到着。宿から910㎞であった。

朝日岳から帰って24日後の9月19日の朝、母に会いに行った。しばらくして妹夫婦と姪が来たので、私は帰ることにして車を走らせた。5分ほどした時、携帯電話が鳴り、妹の夫から母が大変だとの知らせがあった。すぐUターンしたが、部屋に入った時にはすでに母は亡くなっていた。結果的には母は娘と孫娘に手を取られて人生を終えたので、幸せな最期であったとも言える。母については様々な思いがあり、私が山登りを始めたのも母の理解があってのことであるが、それから以降のことはここでは書かない。1ヶ月ほどしてようやく全てのことが片付いたので、妻と二人で九州に行くことにした。

72　九重山（くじゅうさん　１７８７ｍ　九州）２０１７年10月31日　72歳

73　祖母山（そぼさん　１７５６ｍ　九州）２０１７年11月１日　72歳

74　阿蘇山（あそさん　根子岳東峰１４０８ｍ　九州）２０１７年11月２日　72歳

10月31日。妻と二人で新神戸６時13分発の「みずほ」で小倉に行き、ここで特急に乗り換えて別府には９時51分に着いた。レンタカーを借りて九重山の牧ノ戸峠からの登山口に行く。ここから登り出したのは12時前で、天気は快晴である。頂上までの標高差は４５０ｍほどで、すでに紅葉が始まっている。

１時間弱登ったところで妻が高山病のようになり、しばらく休んだ。次第に落ち着いてきたので通常の２倍くらい時間をかけて扇ヶ鼻に到着。ここで、小倉駅で買った穴子弁当を食べた。この辺りから眺望も良くなり、傾斜も緩くなって久住分かれに到着。ここには避難小屋とトイレがあり、しばらく休憩。すでに14時半になっていた。妻は最後の力を出して15時過ぎに九重山の頂上に着いた。天気は快晴、風もなく遠くの紅葉もきれいで、時間は遅くなっていたが緊迫感はなかった。下りは順調で牧ノ戸峠の駐車場には17時半に着いた。まだライトをつける必要はなかった。宿の国民宿舎に着いたのはちょうど18時。途中で暗くなってしまった。お風呂は白濁した温泉で、一風呂浴びて19時より夕食。お酒は１合しか飲まなかったがむやみに効いてしまった。どうも以前からの体調不良が、まだ治っていないのかもしれない。

11月１日。６時に起床して７時より朝食。８時15分に出発。祖母山の北谷登山口には10時前に到着。頂上までの高度差は６５０ｍくらいである。ここからは二つのコースがあるが、道の傾斜が緩い茶屋場からのコースを取る。今日も良い天気で妻も元気に歩き、国観峠には12時半に到着。ここは広場で目の前に頂上が見える。妻はここで待っているとのことなので、風を避けてススキの窪みで休憩。食料や着る物を渡して私は1人で頂上に向かう。このすぐ上が八合目であった。頂上までは38分で登り、13時18分到着。昼食のおにぎりを食べて、13時30分に下山を開始。25分で国観峠に戻った。妻は昼食を食べて昼寝をしていたとのことで、待っているのも苦痛ではなかったようだ。ただ山頂から下山をしてきた人がススキの原に寝ている妻を見て、遭難者かと驚いたらしい。いろいろ思わぬことが起こるものだ。下りは一気に登山口に下り、車を発車させたのは16時になっていた。今夜の夜は高森町の民宿で17時10分に到着。

正面には根子岳が大きく聳え、宿は新しくきれいな部屋であった。客は我々だけとのこと。月廻り温泉の割引券をもらって温泉に行く。車で10分ほど。もう日暮れであったが、露天風呂からは根子岳や阿蘇の山々に夕日が当たり、眺望は最高。ただし私はもう少し熱いほうが好みだ。宿に帰って夕食。結構美味しい。宿の主人は山に詳しく、いろいろ教えてくれる。一番驚いたのは高岳の噴火については解除されているが、登山口の仙酔峡への道が地震後復旧されておらず、通れないとの情報。草千里方面は阿蘇パノラマラインは通れるが、これもロープウエー西駅より先は進入禁止になっているとのことで、結局登れるのは根子岳くらいとのこと。根子岳は西峰と東峰があり、その中間に天狗岩がありここが一番高いが、これは完全に岩登りの世界。西峰も地震の後、道が荒れていて勧められないとのことで、結局東峰を登ることに変更した。またこの山も大戸尾根からが一般的で、その他のルートは荒れており、女性同伴では勧められないとのこと。結局阿蘇は登れる山もルートも極端に少なくなっている。浅間山に行った時も黒斑山を登って済ませているし、御嶽山も私は若い時に登ることができたが、２０１４年に大噴火が起こり多数の犠牲者が出て登れなくなった。火山国の百名山だから登れない山が出ることは仕方のない話である。明日は根子岳に登ることにして寝床に入った。

2日。８時前に出発。今日も良い天気である。登山口には15分で着いた。目の前に牧場の柵があり、ゲートを開けて入る。この辺りは牛が一杯で、その中を抜けていく。やがて登山届を出すポストがあるが、ここからは特に道形がなく、牧場の中を適当に歩くことになる。そのため間違って舗装道路の見える地獄谷のほうへ行ってしまう人がいるらしい。５分も歩くと再び柵が出てきて、ここのゲートが牧場の上限である。ここからが登山道の登りだが、道はよく踏まれていて快適に登ることができる。やがて森林限界を越えたような感じになり、左右の谷間、そしてそれを取り巻く山肌の紅葉が素晴らしい。宿の主人は「根子岳の紅葉は九州一番だ」と言っていたが、確かにそれだけのことはある。やがて天狗岩が見えてくるが、頂上付近は霧がかかっている。根子岳東峰頂上には10時10分到着。目の前に巨大な天狗岩の岩峰が聳えている。段々と霧が晴れてくるので、50分も頂上で休憩。完全に快晴となり、岩と紅葉の組み合わせが如何にも秋の山という感じである。天狗岩は左手に地震の影響と思われる大きな崩壊があり、この分では岩も緩んでいるだろうから、西峰からの縦走はますます難しくなるだろう。11時に出発して登山口には12時半に到着。

昨夜の月廻り温泉に行って汗を流し、往路を通って自宅には22時過ぎに帰った。妻は2年前に屋久島で足首を捻挫したが、完全に回復して九州の秋の山を楽しむことができたことは感謝である。

75　五竜岳（ごりゅうだけ　２８１４ｍ　北アルプス）２０１８年7月1日　72歳

若い時から北アルプスの山々は一番よく登った山々であったが、意外に登り残した山もいくつかあった。それらを数年かかって登っていったが、最後に残ったのがこの五竜岳である。いつかチャンスを捕まえてと思っていたが、幸いにも最後まで働いた住電ハイプレシジョンのOB会を諏訪工場でやるとの連絡が来たので、それが終わった後に一人で登ることにした。諏訪工場は中央線の富士見駅の近くにある小さな工場だが、八ヶ岳の麓の風光明媚な場所にあり、在任中は月に一度は出かけていた思い出深い工場である。

少し横道にそれるが、諏訪工場のすぐ近くに富士見高原病院がある。ここは昔は有名な結核サナトリウムで堀辰雄の『風立ちぬ』の舞台になったところだが、その前から伊藤左千夫や島木赤彦など「アララギ派」の人たちが入院したらしく、アララギ派発祥の地とも言われている。日本でも有数の日照時間の長い地で、どうしてこのようなところに工場を作ったかだが、聞くところによると昔、東京の目黒にあった昭和機械工具という会社が戦時中に工場疎開して、ちょうど養蚕の建物があったこの場所を買い取ったらしい。戦後は電電公社向けの工具などを作っていたが、経営が厳しくなって住友電工の子会社となり、名前も住電ハイプレシジョンと変わり、主に光ファイバー関連の部品や器具を作るようになった。都会の工場とはまた違った趣があり、思い出は深い。

6月29日に車で芦屋を出発して、昼過ぎに諏訪工場に到着。久しぶりに工場を見学させてもらい、夕方から編笠山の麓にあるジュネス八ヶ岳で現役の連中も加わって宴会。この施設は富士見高原で行うスポーツ関係の合宿などに使われるので、清潔で宿泊施設も良くて、今までもよく利用させてもらっていた。OB全員がここに宿泊した。

30日。朝食後、OB会は解散。私は車で大糸線の神城まで行って、国道沿いのドミトリーに泊まる。時間があったので、白馬駅まで行ってみた。周りは昔と大きく変わっていたが、駅前は何となく見覚えのあるような感じで、あまり変わっていなかった。

7月1日。朝食後、車でゴンドラの駅の駐車場まで行って、そこに駐車。8時15分の一番のゴンドラで上がる。更にリフトに乗って8時45分から歩き出す。天気は曇りで、山頂付近は厚い雲に覆われていて眺望は利かない。風が全くなく、草いきれもあってとにかく暑い。雨が降る気配はなく、ただ乳白色の霧の中を汗を垂らして登る。尾根の上だが結構雪の斜面が残っていて面白く、その点では良いのだが、暑さには参った。ようやく白岳には13時50分に到着。ここから後立山の縦走路を少し南に下ると、今日の宿「五竜山荘」に着いた。ちょうど14時である。チェックインを済ませ、荷物を置いて水筒と若干のものを持って14時20分に出発。五竜岳頂上には15時40分に着いた。まだ山頂の下には大きな雪の斜面が残っていて、左手の岩稜を登った。積雪期には緊張するところだろう。

この頃から霧が晴れて太陽が出てきて眺望が良くなる。ただ鹿島槍ヶ岳は見えなかった。小屋に戻ったのは16時50分。すぐに夕食が始まった。今日は宿泊者も少なくゆったりしている。食後に外へ出ると完全に晴れ渡って山頂が見える。西に黒部川を挟んで見える山々は毛勝三山である。大きな雪渓を持った剱岳の北にある興味深い山で、一度行きたいと思っていたが、もう無理だろう。

２日。４時過ぎに起きて外に出ると、大快晴で富士山までよく見える。やがて素晴らしい日の出。頂上の上には白い月が残っている。幸せなひとときであった。５時前から

遠見尾根より鹿島槍ヶ岳北壁を望む。

朝食。パッキングをして5時半に出発。往路を引き返す。登りの時に見ることができなかった鹿島槍北壁とか五竜岳東面の岩場を見ることができた。このコースを取った最大の理由はこれらの岩壁群を見ることにあったので、大満足である。ただ、下るに従い昨日同様、酷い暑さで、風が全くない。ゴンドラの駅には10時に到着。あとはゴンドラで下り、十郎の湯で汗を流して自宅には18時に帰宅した。下のほうの暑さを除けば、なかなか素晴らしいコースである。

76 幌尻岳（ぽろしりだけ　２０５２ｍ　北海道日高山脈）２０１８年８月４日　72歳

77 トムラウシ山（とむらうしやま　２１４１ｍ　北海道大雪山系）２０１８年８月６日　72歳

78 十勝岳（とかちだけ　２０７７ｍ　北海道十勝山系）２０１８年８月７日　72歳

79 大雪山（たいせつざん　２２９１ｍ　北海道大雪山系）２０１８年８月８日　72歳

80 羊蹄山（ようていざん　１８９８ｍ　北海道南西部）２０１８年８月９日　72歳

北海道の山々は、今まで一度も登ったことがなかった。関東からも関西からも遠いので、信州の山のように気軽に出かけることができない。前年に出かけることを計画していたが、母が危篤状態になり中止せざるを得なかった。

北海道の山を登るのは、いくつかの課題がある。一つはアクセスに時間とお金がかかることで、なかなか仲間を見つけることが難しい。結局同じ費用をかけて出かけるのなら、一度に何山かを登るしかないのだが、これには日数がかかる。それと費用も、格安航空券とレンタカーだと時間は短縮できるがスケジュールの変更が難しい。いろいろ考えた末、自家用車でフェリーを利用する方法で行くことにした。日本海の敦賀を0時30分発のフェリーで出発すると、翌日の20時30分に苫小牧に着くという方法である。仲間はアルペン芦山のA川さんが手を上げてくれた。

もう一つの課題は熊と寄生虫である。ヒグマは確かに怖いが、鈴を付けるなどの対策と、実際に出会った時も冷静に対処すれば、向こうから襲ってくることはなさそうである。ただこれは実際に遭遇してみないとわからない。寄生虫はエキノコックスという寄生虫で、もともとはシベリヤや北方諸島辺りにいたようだが、ネズミが宿主となり、これが流氷で知床辺りにやって来て、それを捕食するキタキツネに移り、北海道のほぼ全域に広がったらしい。キタキツネの糞が川に流れ、その水を飲むと寄生虫の卵が体内に入り、人間の場合は肝臓で孵化して大変なことになるとのことだが、水を煮沸すれば問題ないとのことである。最近は高性能のフィルターが比較的安価に手に入るので、これを使えば生水でもOKらしい。こうしたことを解決して、いよいよ8月から初めての北海道の山に挑戦することにした。

8月1日、19時にさくら夙川でA川さんと合流して敦賀に向かう。22時に敦賀港に到着して23時30分過ぎから乗船開始。思っていたより大きな船で、かいこ棚のA室も十分快適である。ただ船酔いが心配で、酔い止めの薬を飲んで寝たが、大きな船なのでほとんど揺れを感じることもなく朝まで熟睡した。

2日。予定通り0時30分に出港。1時過ぎに寝る。ぐっすり寝て8時前に起床。カフェテリアで朝食を食べ、船内を見学。後部のデッキで海風に当たるのは気持ちが良い。素晴らしい天気である。新潟沖辺りだったか、北から南に向かうフェリーとすれ違う。船内では子供を集めたビンゴゲームとかいろいろ催しもある。

昼食後、昼寝をする。冷房がほどよく利いていて熟睡する。16時から無料の映画を見て、風呂に行く。日本海の夕日を見ながらの風呂で、露天風呂もあり快適。ただ露天風呂は風が強過ぎてゆったりという感じにはならない。夕食を済ませ下船の準備をする。予定通り20時30分に苫小牧東港に到着。ここからカーナビに導かれて新冠《にいかっぷ》の民宿「ふかふか亭」には21時45分に到着。この辺りは日高山脈の麓で牧場が広がり、カーナビがないと夜中に宿を見つけるのは難しいと思う。宿の主人から明日の林道や登山道の様子を聞いて就寝。

3日。朝5時に宿を出る。林道に入るとここからは携帯は完全に圏外となる。未舗装の道を40㎞走ってイドンナップ山荘（無人小屋）の駐車場に到着。この先に厳重なゲートがあり、車はもとより、自転車も通れない。6時25分出発。天気は晴れでまずまずだが、結構暑い。いよいよ長い林道歩きが始まる。距離にして約20㎞の林道をひたすら歩く。いたるところに熊の糞が落ちている。今日の宿の新冠ポロシリ山荘には13時15分に着いた。ここは無人小屋だが良く管理されている。早く着いたので2階の真ん中辺りの一番良さそうな場所を占めることができた。実は幌尻岳への登山ルートは昔から額平川（ぬかびらがわ）を遡って幌尻山荘に泊まり、そこから頂上へ登るというコースが取られているが、幌尻山荘の予約を取るのがよほど早くしないと難しいのと、山荘までの額平川のコースは十数回の渡渉が必要で、悪天時には通過できなくなるというリスクもある。こうしたことから最近は今回の我々のように、とにかく体力的に頑張れば登れる新冠からのルートの人気が出てきたようだ。ガイド登山もこのコースが多いようで、やがて小屋は結構一杯になった。夕方までに生水を煮沸して、翌日の水作りをする。

4日。いよいよ幌尻岳に登る日で、天気は晴れである。軽いザックを担いで5時に出発する。道は明瞭であるが、あまり手入れはされていないので、両側から草がかぶっていて、階段や道標などの人工物もない。このコースはひたすら一直線に登るコースで眺望はほとんどない。森林限界を出ると眺望が良くなるが、あいにくガスがかかってきて見通しは利かない。主稜線に出たところが幌尻山荘からの道との合流点で、ここから一息で幌尻岳の頂上に着いた。９時25分である。この山が日高山脈の最高峰である。予定では七ツ沼と言われる大カールを見るために肩と言われるところまで行く予定であったが、この天気では何も見えないのでここから引き返すことにする。昼食を食べて10時に下山開始。これから始まる北海道の山旅は長丁場なので、膝を痛めないようにゆっくり下る。小屋に帰り着いたのは14時前なので、今日中に車まで下山することも可能だが、翌日はいずれにしても移動日になるので、予定通り、無理をせずにもう１泊する。夜中に雨が降り出した。この山は百名山でも登りにくい山とされているが、コースは技術的には問題はない。地味な山だが玄人好みの山である。

５日。雨はほとんど上がっていたが、雨具を着けて５時20分に出発。北キツネに会ったりして楽しく歩く。イドンナップの駐車場には10時40分に到着。荷物の整理をして11時半に出発。これからは次の目標のトムラウシに向かう。林道を出て携帯が通じるようになったところで天気予報を見ると、明日は良さそうだが週の後半は良くなさそうなので、明日は是非ともトムラウシを登ることにする。今夜は登山口で車の中で寝るつもりでいたが、駄目でもともとトムラウシ温泉の東大雪荘に電話するとＯＫとのこと。この宿は何ヶ月も前から予約しようとしても無理だったので、予想外のチャンス。早速予約をする。

トムラウシの山頂を望む。

宿は立派な国民宿舎である。温泉も良く、夕食も美味しい。翌朝は早いのでおにぎりをもらう。21時に就寝。

6日。3時に起床し、4時出発。トムラウシを一日で往復するのは百名山の中でも三大ハードコースの一つらしい。ガイドブックのコースタイムも休憩抜きで12時間。北海道の山では最長のコースである。昔はトムラウシ温泉から登り出したらしいが、いつ頃からだろうか、自動車道が先まで延びて大分時間が短縮された。ここからのコースを「短縮コース」というらしい。さて短縮コースの駐車場に車を止めて出発したのは4時半。道は幌尻より良く整備されていて歩きやすい。出発時は大快晴であったが、次第に雲が出てきた。それでも遠望は利くし残雪も多くきれいな山である。頂上には10時15分に到着。昼食を食べる。10時50分に下山を開始する。トムラウシ分岐まで下りてくると、頂上はもう雲に覆われていた。前トム平からの下りはナキウサギが多く、結構見ることができた。日本アルプスにいるオコジョより少し大きい程度の可愛い動物である。駐車場に着いたのは15時50分であった。途中から一緒になった愛知県のS籐夫妻から「もし明日十勝岳に行くのなら、一緒に行こう」と声をかけられたので、十勝岳の望岳台で合流することにして別れる。我々は16時半に出発。ガソリンが減っていたので給油所を探すが、18時にどこも閉まってしまい、給油できるところがない。これは予想外であった。遠回りをしてようやく富良野市内のセルフのステーションで給油をすることができた。そばにあるコンビニで食料を調達して望岳台に向かう。到着したのは20時半。ここには噴火に備えて立派な建物があり、トイレもきれい。建物の中でS籐さんたちと遅い夕食を食べる。車の中の荷物は全て車の下に入れ、広々とした車内にマットとシュラフを敷いて寝る。トムラウシはガイドブックで往復12時間。休憩を入れると13~14時間だが、11時間強で登ることができた。景色も良くて、良い山であった。ただ、下山後の移動に時間がかかり、結構疲れた。

7日。今日も晴れ。4人で6時に出発。活火山の山で噴煙が出ており、滑りやすいザレの斜面を登る。日陰が全くなく、直射日光が暑い。十勝岳頂上には10時に到着した。遠くまで眺望が利くのだが、トムラウシや幌尻がどれか言い当てることは難しい。50分も休み、望岳台へ戻ったのは13時45分であった。コッヘルでお茶を沸かして大休止。ここでS籐夫妻と別れる。ここを出たのは14時半で旭川に向かう。車中からネットで宿を探すが、どこも満員。とにかく旭川の駅まで行ってみることにする。

結果的には駅前のやや古いホテルにシングル2室が取れた。値段もリーズナブル。まずは風呂に入り、汚れた衣類を脱ぎ捨てる。風呂から出て地下のコインランドリーへ行って洗濯30分、乾燥1時間で19時には全て終了。台風が近づいているが、どうも東に抜けそう。そうとなれば、あと2日で全て登れるので帰りのフェリーを1日早めに変更。結果的にはこれでお盆休みの前になったので、往復割引が利くようになって2人で1万6000円弱が払い戻されることになった。久しぶりに繁華街に行って豚カツを食べる。

8日。前日に買っておいた朝食を食べて、5時半に宿を出る。旭岳ロープウエーの始発に乗れるように早めに着く。今日も素晴らしい天気である。6時半の始発に乗って姿見平のロープウエーの山頂駅を6時45分に出発。ここも火山なので、昨日の十勝岳と同じような砂礫の斜面を登る。遠く噴煙が見えて十勝岳の位置がよくわかる。頂上には8時50分に到着。ここが大雪山系の最高峰である。やはり縦走をしないと、この山の良さはわからないだろう。10分で下山を開始。ロープウエーの下の駐車場には10時40分に戻ってきた。あとは高速道路で小樽に向かう。倶知安町の観光課に電話して宿を紹介してもらったが、どこも満室。結局、ドミトリータイプの宿に予約ができた。小樽から地道を走ると、目の前に羊蹄山が見えてきた。なかなか雄大な裾野を持つ山だが、中腹以上は雲の中で、下界も曇ってきた。宿には16時20分頃に到着。荷物を置いて車で数分の倶知安の湯という温泉に行く。その後、駅前のスーパーで夕食と明日の朝食、昼食を買う。倶知安はニセコに来る外国人が多いせいか、スーパーにはワインやチーズが豊富である。宿はドミトリータイプなので二段ベッド。同宿はフランス人のカップルと日本人3人。自炊できる食堂があり、スーパーで買ったお寿司を食べる。台風は想定通り東に向きを変えたが、明日の天気はもう一つのようだ。

9日。朝食後、羊蹄山の京極口に行く。6時半から登山開始。雨はほとんど降っていないが下のほうでは曇り、中腹から上は霧が出て全く何も見えず、ひたすら登る。この山は富士山型の火山なので、登りは単調である。火口縁に出たところで風が強くなり、霧雨が吹き付ける。5分ほどで頂上なので雨具を着けずに進む。頂上には11時15分に到着。写真を撮ってすぐ引き返す。すぐ先でイギリスから来た二人組にあった。この辺りはニセコが近いので外国人も多いようだ。火口縁から少し降りると風はなくなり、あとは写真を撮りながら下る。登山口には15時に到着。これで計画通り百名山五山を登ることができた。すぐ近くの京極温泉に行き、さっぱりする。近くの公園で荷物を広げて帰る準備をする。ここからは着ているものも都会モードに切り替える。17時に出発して小樽港には19時に到着。フェリーの乗船手続きをしてターミナルの食堂で夕食。台風の影響で舞鶴からの船の到着が遅れ、我々の乗船も遅れる。24時より乗船開始。車を止めてベッドへ行き、すぐ寝てしまった。

10日。台風の影響で揺れるかと思ったが意外にも揺れはなく、遅れを取り戻すために速度を上げたのか予定より少し早く舞鶴に着いた。舞鶴から夙川までは2時間強で到着。A川さんを下ろして帰宅したのは24時であった。もともと2日間の予備日を入れた計画であったが、連日効率的に行動できたので、早く帰ることができた。長丁場の山旅を元気に過ごすことができて、体力に自信が持てた。

まとめてみると10日間の旅行だが、移動時間を除くと7日間で百名山を五山登ったことになる。この総登高標高差は６１７３ｍ、車の走行距離は１４４０㎞であった。

81　会津駒ヶ岳（あいづこまがたけ　２１３３ｍ　南東北の会津）２０１８年９月14日　73歳

会津駒ヶ岳は尾瀬の東からの入り口である檜枝岐の横に聳える山で、頂上付近は広大な湿原が広がる山である。関東方面からは割合便利だが、関西からだと結構アクセスが不便な山と言えよう。平ヶ岳は昔、みろく山の会の仲間と恋ノ岐川を遡行して頂上を目指したが、最後の藪で蜂に追いかけられ、頂上直下から下山したいわくつきの山である。この山も名前の通り、山頂には湿原が広がる。普通の登山口から登ると往復10時間はかかる結構大変な山だが、銀山平の宿に泊まると林道の奥まで車で送ってもらえるので割合簡単に登れる。そこで自家用車で出発し、二山を登る計画を立てた。アルペン芦山の仲間に声をかけるとT本さん、Ｉ田さん、Ｆ田さん、Ｏ田さんの４名が手を上げてくれた。男性３名、女性2名である。自家用車にはやや狭いが、我慢してもらうことにした。

82　平ヶ岳（ひらがたけ　２１４１ｍ　奥只見）２０１８年９月15日　73歳

９月13日、芦屋を5時半に出発して北陸道を経て関越道の小出ＩＣで高速から降りる。道の駅で昼食を食べ、小出の街のほうに少し行ったところで給油を済ませる。ここから先は給油はほとんど期待できない。12時前に小出を出て、奥只見シルバーラインを通って奥只見ダムに向かう。ダムには13時前に到着した。ダム自体はそれほど大きくはないが、奥只見湖は銀山湖とも言われる日本最大級の人造湖である。一度訪れたいと思っていたので大満足。湖の奥ははるか遠くである。ダムを出発して銀山平へ、ここから左岸沿いに作られた道を走ると、懐かしい恋ノ岐川の橋にかかる。ちょっと車を止めて写真を撮らせてもらう。更に走ると鷹ノ巣で、ここが平ヶ岳の通常の登山口である。ここからは道は上りとなって、やがて御池の駐車場に出る。

ここは尾瀬の東側からの入山口で、ここまで来ると道路は良くなる。あとは川沿いに下っていくと檜枝岐の村に入る。明日の下見に駒ヶ岳の登山口まで車で登り、駐車場を確認する。ここから引き返して国道へ出たところの向かいが、今夜の宿「すぎのや」である。ちょうど16時半であった。お風呂は大きくはないが源泉掛け流しで夕食もまずまず。これから毎日、岩魚の塩焼きが出た。

14日。朝食はおにぎりにしてもらったので、食べずに持って出かける。天気は曇りで、登山口出発は6時。途中の水場で休憩しておにぎりを食べる。更にもう1ピッチ歩いて駒の池に到着。森林限界を過ぎていて、周りは草原になる。すぐそばに小屋があり、ベンチがある。池塘と草紅葉の中で一度に食べきれなかったおにぎりを食べてゆっくりする。会津駒ヶ岳の頂上には10時に到着。頂上周辺は木が茂っていて眺望は良くないが、目の前には尾瀬の燧ヶ岳の双耳峰がよく見える。この山はここから中門岳までの稜線が素晴らしく、この部分が見どころである。広々とした池塘と草紅葉の草原で、谷を挟んで帝釈山や田代山が見渡せる。尾瀬は山々に囲まれた谷間の草原だが、ここは頂上台地なので解放感に溢れていて独特の地形である。中門岳は大きな池塘のそばに「中門岳　このあたり」という標識がある。どこが一番高いのかもわからないほど広い場所である。10時半に着いて、11時20分までゆっくり楽しんだ。帰りは往路を引き返し車には14時半に到着。14時50分に出発して、銀山平の宿には16時40分に到着した。部屋はログキャビンを1棟貸してくれた。温泉は車で2分ほどの白金の湯に行く。新しいモダンな施設であるが、客は我々だけであった。ちょうど釣りのシーズンらしく、釣りの人の車があちこちに止まっていた。母屋で夕食を食べて20時に就寝。

15日。3時過ぎに起きて、3時50分発の宿の車で出発する。お客は我々以外には兵庫県の三田の人が一人だけである。すでに雨が降っているので、雨具を着けて車に乗り込む。林道の奥の駐車場には5時20分に到着。ここで朝食のおにぎりを食べて6時に登山開始。帰りは12時半には戻ってくれとのことなので6時間半が行動時間となる。少し行くと橋があるが、大雨になるとここが渡れなくなるようだ。小雨の中をひたすら登る。この尾根は無駄なく高度をかせぐことができるので、玉子石には８時40分に着いた。玉子型の大岩がごろりと大岩の上に乗っかっているところで、平ヶ岳の名所であるが、期待したほどのことはなかった。この周辺はすでに湿原になっていて、雨の中だが素晴らしい。ここから頂上までは標高差で90ｍ程度。頂上には９時半に着いた。頂上の標識は林の中にあるが、周りは広い湿原で草紅葉である。姫ノ池に向かうところで、正規の鷹ノ巣から登ってきた人たちと出会う。朝４時から歩き出したとのこと。やはり、かなりのコースである。池のそばで昼食を食べるが、雨の中なので何も見えない。晴れていればさぞかし素晴らしいと思われるが、乳白色の霧に包まれた湿原もそれなりに情緒がある。ここからはひたすら下って駐車場には12時15分に着いた。靴の洗い場があり、泥だらけの靴やスパッツを洗って車に乗れるようにする。この頃から雨が上がり、薄日が差してきた。宿には13時50分に到着。庭のベンチで冷たいお茶を頂く。真正面には荒沢岳が見える。この山は二百名山の一つ。帰りはシルバーラインを通って大湯温泉の宿に泊まった。この宿は恋ノ岐川を遡行した時に帰りに泊まった宿で、あれから10年が経っていると思うと感慨深い。16日。朝風呂に入って８時に出発。往路を通って、芦屋には15時頃到着した。

帰宅した翌日の17日。昼前にＴ本さんから電話があり、アルペン芦山のパーティーが大峰山系の沢登りで事故を起こし、２人が行方不明との連絡があったので、至急事務所に集合してくれとのことで、取るものもとりあえず駆けつけた。これからのことを書き出すとそれだけで一つの報告書になるので詳細は割愛するが、３人のパーティーのうち２人が亡くなった。１人のご遺体は早く見つかったが収容が難しく、19日の午前中にようやく収容された。ただもう一人の女性のＭ島さんはなかなか見つからず、警察や消防の捜索が打ち切られた後もアルペン芦山だけでなく多くの関係者が捜索に当たった。そのようなことで毎日のように事務所に出かけ、現地にも何回も出かけた。10月13日、ご遺族の方から「これだけやってもらっても発見できないのだから、この辺で心の整理をつけたい。もう捜索は結構です」というご意向が示された。関係者で協議した結果、11月10日~11日に最後の捜索をして終了することとなった。この間の1ヶ月強は本当に心身ともに疲れ果てた。そこで11月になって雪が降り出す前に気分転換に妻と一緒に日光白根と至仏山に行くことにした。

83 日光白根山（にっこうしらねさん　2578m　日光）2018年10月31日　73歳

84 至仏山（しぶつさん　2228m　尾瀬）2018年11月1日　73歳

昨年のように、紅葉の頃に妻と簡単な山に行くことを考えていたが、先に述べたように遭難事故があり、出発は10月末となった。この頃になると上信越では雪の可能性もあるが、とにかく行けるところまで行ってみようと出かけた。

10月30日、新幹線で東京経由、宇都宮に着いたのは12時前、駅ビルの中で名物の餃子を食べてレンタカーの乗り場へ行く。雪の可能性があるのでスタッドレスタイヤにしてもらった。宇都宮を出たのは12時半で中禅寺湖の湖畔の駐車場には14時に着いた。天気は良く、華厳の滝を見物に行く。私はこれが初めてだが、東京育ちの妻は遠足か修学旅行で来たらしい。たしかに立派な滝である。日本三大名瀑は華厳の滝、那智の滝は動かないらしいが、3番目は立山の称名滝とか茨城の袋田の滝、神戸の布引の滝とか諸説があるようだ。

車に戻って戦場ヶ原の先の光徳牧場で一休み。この頃から曇ってきて、明日の天気が気になる。なお、ここまで来たら男体山に登るべきだが、男体山は山自体が二荒山神社の御神体で、10月25日の閉山式以降は入山禁止とのことで諦めざるを得なかった。

一休みの後、金精峠のトンネルを抜けて丸沼高原に入る。日光白根ロープウエーの下見をして、そこから20分ほど下ったところに宿がある。到着は16時。まだ時間が十分あるので、更に下ってコンビニで明日の昼食を買う。お風呂は源泉掛け流しの大きな風呂場だが、誰もおらず、男湯、女湯ともに独り占め。夕食は典型的な旅館の食事だが贅沢は言えない。日本シリーズの決勝を見て就寝。

31日。７時過ぎに出発して８時からのロープウエーの一番に乗る。天気は曇っている。山頂駅は標高２０００ｍで頂上との標高差は６００ｍ弱。すでにうっすらと雪が積もっている。高度の高いところから歩き出すので妻が高山病にならないかと心配したが、果たして２２００ｍくらいで症状が出だした。道は明瞭なので、妻はここから下山してロープウエーの下の駅で待っていることにした。ちょうど10時10分である。私は急いで登る。もう辺りの木々は真っ白で、吹雪となってきた。森林限界を出ると、雪が深くなれば吹雪で道を迷う恐れがあるが、幸い植生保護のためのロープが張ってあり、日光白根の頂上には11時45分に着いた。吹雪の中なので、周りは全く見えない。早々に下山開始。ロープウエーの駅には13時36分到着。ロープウエーが動き出すと、すぐ周りは雪がなくなった。下の駅に着くと、妻はベンチでパンフレットを読んで待っていた。ここから下界に下るにしたがって紅葉がきれいになる。尾瀬の麓の戸倉の宿には15時に到着。お風呂に入り、早めに敷いた蒲団に入ってＴＶを見る。夕食後は日本シリーズを見て就寝。

11月１日。夜中に雨の音を聞いた。７時20分に出発し、鳩待峠に向かう。途中から雪になり、登るにしたがって粉雪になってきた。スタッドレスタイヤにしておいてよかった。駐車場に車を止めて８時10分に出発する。薄日はさすが雪は止まない。先行者は誰もいない。見かけはもう完全な冬山だが、雪はそれほど深くなく、うっかり木道から離れるとズボッと落ち込むので注意が必要。森林帯を抜けた辺りにベンチがあり、ここから尾瀬ヶ原が望めるが、燧ヶ岳や至仏山は雲の中で見えない。主稜線に出ると風が急に強くなる。吹雪とガスの中なので景観は得られないし、帰りのことを考えて時々振り返って景色を頭に入れる。ちょうど12時に小至仏山の頂上に出た。ここから至仏山を往復すると1時間半ほどはかかるし、妻の体力を考えると、ここから下山することにした。残念だが標高差は66ｍだし、仮に頂上まで行っても景色は見えない。この大雪の中、妻とここまで登れたのは十分価値があるので、ここは登頂とカウントしてもいいだろう。12時半に下山を開始。下るに従い天気が良くなり、快適な秋山になってきた。ナナカマドの真っ赤な実に雪が載り、青い空と相まって素晴らしい光景となった。鳩待峠では雪が完全に溶けていた。ここから上毛高原駅までひたすら走り、17時に到着。レンタカーを返却して新幹線へ。東京経由で自宅には23時に到着した。妻も休憩込みで7時間、よく頑張った。何か吹っ切れたような気持ちになった。

帰宅後、溜まっていた仕事を処理し、11月10日～11日と芦廼瀬川の最終捜索を行った。今後何か遺失物が流れてくることも考えて、10月に芦廼瀬川の下流の十津川との合流点手前にネットを張ったが、その補強も行い、あとは警察に時々見回ってもらうようにお願いした。ところが12月25日の朝8時過ぎに、十津川の20㎞ほど下流の二津野ダムで流木の撤去作業中に作業員がM島さんを発見し、警察に連絡した。身に着けていた衣類は遭難時と同じであったが、ＤＮＡ鑑定が行われることになり、結局ご遺体は1月24日にご遺族に返された。忘れられない出来事であるし、そうした中で登った初雪の山々もまた忘れがたいものとなった。

85　利尻山（りしりざん）　北峰１７１９ｍ　北海道利尻島）　２０１９年７月12日　73歳

86　斜里岳（しゃりだけ）　１５４７ｍ　北海道道東）　２０１９年７月14日　73歳

87　羅臼岳（らうすだけ）　１６６１ｍ　北海道知床半島）　２０１９年７月15日　73歳

88　阿寒岳（あかんだけ）　雌阿寒岳１４９９ｍ　北海道道東）　２０１９年７月16日　73歳

２０２０年に私は75歳、後期高齢者になる。その時までに百名山を片付けようと始めたが、あと2年となってしまった。これはもうほとんど時間がないということである。例えば北海道や東北の山は雪を避けようとすると6月中旬から10月一杯くらいの４ヶ月~５ヶ月の期間しか登山適期がない。しかもこの間には台風や梅雨、秋の長雨があり、実際登れる期間はもっと少なくなってしまう。加えて、この年齢になるといつ体調を崩すかもわからない。

そこで２０１９年の正月、残りの16山を年内に登り切る計画を立てることにした。実際は天候など様々予期せざることで取りこぼしが出るだろうが、それを２０２０年に何とか取り返して、最終的には75歳までに百名山を完成させるという計画である。特に北海道の山は前年の例のように一大遠征プロジェクトになるので、なかなか仲間が集まらない。前年一緒に行ったA川さんは会を退会したので無理。結局一人で出かけようと腹をくくっていたが、T田さん夫妻が「利尻山には一緒に行きたい。その後は別れて、帰りはまた一緒にフェリーで帰ろう」という提案をしてくれた。一も二もなくOKをしたことは言うまでもない。出発の時期は本州が梅雨で、まだ北海道に影響が出ない7月中旬とした。

鴛泊港から利尻山を仰ぐ。

7月9日。JR芦屋でT田さん夫妻と待ち合わせ、昨年と同様、19時に出発して敦賀発0時30分のフェリーに乗船した。

10日。20時半に予定通り苫小牧東港に到着。夜は苫小牧辺りで泊まりたいが、工事関係者でどの宿も一杯。札幌も安い宿は一杯なので、高速を飛ばして滝川まで行って泊まることにして予約を入れた。滝川の宿には22時半に到着。ただ寝るだけである。あとでわかったことだが、どこに行っても工事関係者で宿は一杯なので、その理由を宿の主人に聞くと秋からの消費税率アップの影響らしい。思わぬところで山登りにも影響が出ていることがわかった。

11日。宿には食堂もないし、付近にファミレスもないので6時50分出発。留萌に出て海岸沿いの道の駅で朝食。ここはニシンを食べなければということで、ニシン蕎麦を食べた。8時過ぎである。この辺り、昔はニシン番屋があり大変栄えた漁村であったらしい。その後、海岸沿いに北上しサロベツ原野へ行く。天気が良いと原生花園の向こうに利尻富士が望める絶好の写真スポットらしいが、この頃には曇ってきて利尻富士は見えなかった。稚内には早く着いたので、有名な北埠頭の防波堤を見てフェリー乗り場に行く。車はフェリー乗り場の駐車場に止める。16時40分にフェリーは出港、島に近づくにしたがって天気が良くなり、利尻山が見えてきた。鴛泊（おしどまり）には18時半に到着。港のそばの宿にチェックインを済ませ、夕食に出かける。この頃には雲が取れて、利尻山の全貌がよく見えるようになった。宿に紹介された中華料理屋に入ったが、ここの料理は美味しく、量も十分で満足。宿に戻り21時に就寝。明日の朝は早い。

12日。３時過ぎに起床して、４時に宿のおばさんに鴛泊登山口まで送ってもらう。ライトをつけて４時20分に出発。１時間歩いて朝食のおにぎりを１つ食べる。天気は良く、ゆっくりと歩く。長官山まで来ると、ここから山頂までは一望のもとに見渡せる。ここが八合目である。少し休んで８時前に出発。九合目で小休止。ここまでは順調に来たのだが、ここで急に体調が悪くなる。脈拍を取ると、時々脈が飛ぶ時があり、休みながらゆっくりと歩く。高度差３００ｍを１時間20分かけて登った。北峰の頂上にはちょうど10時に到着。利尻山は南北二峰があり、南峰の方が２ｍほど高いが、崩落が激しく、進入禁止となっている。周りは全て海で、この辺が利尻山の独特なところである。写真を撮って10分ほどで下山を開始。九合目でゆっくり休み、昼食を食べてようやく元気が出る。ここからはあまり休まずに下る。登山口には15時15分に到着。宿に電話をして車で迎えにきてもらう。宿のお風呂に入ってさっぱりする。Ｔ田さん夫妻はもう１泊するとのことだが、私は17時45分のフェリーで稚内に戻った。宿は港からすぐのところにある民宿だが、工事関係者で一杯。夕食は毛ガニがついて食べきれないほどのご馳走。朝が早かったので、すぐに寝る。

13日。今日は移動日である。天気は一日中雨が降ったり止んだりという状態であった。今日からは完全な単独行である。７時半に出て、まずは宗谷岬に向かう。30分強で到着。ここが日本の最北端である。半世紀前の３月に来たことがあるが、このような感じだったのか、変わったようにも変わらないようにも思える。ここからは憧れのオホーツク街道を網走に向かう。当初の計画は斜里岳の麓の小屋に泊まる予定だったが、明日も雨のようだし、迷ったあげく網走のホテルを予約した。

オホーツク街道には特別見どころはないが、何といっても荒涼としたオホーツク海と所々にある原生花園の雰囲気が素晴らしい。特に雨が降っていて、その暗い感じがまた旅愁を感じさせる。オムサロ遺跡公園は良い原生花園で、サロマ湖も良い感じである。能取岬は半世紀前の3月に来て、急な崖の道を下りて流氷のそばまで行ったのだが、今回来てみると完全な観光地になっていて、どこから下りたのか見つけることができなかった。ここから1時間ほどで網走の駅に近いホテルに到着。コインランドリーがあり、洗濯をする。大浴場のお風呂に入り、ホテルの食堂で定食を食べる。明日の天気は雨だが、斜里岳は行けるところまで行ってみることにする。

14日。4時過ぎに出発して、登山口には5時半に到着。結構、登山者の車が停まっており、出発するパーティーもいたので、私も雨の中を出発する。川沿いの道を歩くと二俣に到着。登りは沢沿いの旧道を登る。沢登りのような道で大きなナメ滝もある。晴れていると爽快だと思われるが、とにかく雨の中を登り続ける。やがて尾根から来る新道と合流、ここから最後の斜面を登ると稜線に出る。風は強いが、少し頑張って登ると9時20分にヒョッコリと頂上に着いた。何もない広場に道標があるというだけ。霧で何も見えないので写真を撮ってすぐに下山を開始。下りは新道を通って駐車場には12時40分に到着。濡れた下着などを車の中で着替えて知床に向かう。途中のコンビニで食料を調達して、岩尾別の木下小屋には16時に到着。2階の割合良いところを割り当ててくれた。この小屋は管理人はいるが、自炊で、寝具もなく自分で寝袋を持ってくる必要がある。しかし、目の前まで車で来ることができるので重荷を担ぐ必要はない。露天の温泉があるものの覆いがないので雨の時は辛いが、ちょうど雨も上がったので一風呂浴びる。終日雨の中を歩いたので気持ちが良い。夕食はコンビニのお惣菜で済ます。なお、この小屋のすぐ傍に岩尾別温泉のホテルがあり、観光バスがやって来るが、全く住む人が違う世界という感じである。

15日。４時20分出発。今日は晴れだが時々曇ることもあるというような天気である。ゆっくり歩いて羅臼平まではほとんど休まず。ここでパンをかじって休憩。羅臼岳の頂上はもう目前である。途中30ｍほどの雪渓があることと、最後は急な岩場になる以外は問題なく、羅臼岳の頂上には９時半過ぎに到着。知床半島の主稜線の先にある硫黄山への縦走路がよく見える。登ってきたのはオホーツク海側からだが、太平洋側の羅臼方面は雲海で見えない。かすかに国後島が見える。下山の途中、羅臼平で再び昼食を食べて、あとは休まずに下った。宿には14時前に到着。この時刻なら阿寒湖まで行くことも可能だが、疲れた体で運転するのは危険なので、木下小屋にもう１泊する。露天風呂に入ると今日は天気が良いので木漏れ日が美しく、気分は良い。風呂から出て薄いウイスキーの水割りを作って飲む。術後、酒は極端に弱くなったが、なんとなく少し飲みたい気分である。これで予定通り三山を登った。あとは明日、易しい雌阿寒岳を登るだけである。携帯の圏内なので明日の夜の宿を阿寒湖観光案内所に連絡して予約した。阿寒湖バスセンター宿泊部というやや心配な宿だが、１泊２食付きで６８００円という安さが取り柄である。今夜は宿泊者も少なく、ゆったりと過ごす。

16日。４時起床。羅臼岳に登る人たちを見送って５時に出発。今日は天気が良く、途中から斜里岳がよく見える。

羅臼岳頂上。

なかなか素晴らしい形をしていて、登山という点では今回の山行では一番かもしれない。雌阿寒岳の登山口には8時過ぎに到着。天気が良く気持ち良く登る。この山は活火山なので有毒ガスが出たりすると登山禁止になる。今回それはないが、頂上近くのお鉢の縁に出ると盛んに蒸気が噴き出ているのが見える。頂上到着は10時50分。これが北海道の百名山の最後なので30分ほどゆっくりする。登山口に下りてきたのは13時10分。まだ時間は十分あるのでオンネトーまで行ってみる。そこから今日の宿の阿寒湖バスセンターへ行く。古いコンクリートのビルで、昔、阿寒湖へ来る時の主力交通機関がバスであった時の名残だろう。今や自動車や観光バスが主力になっているので路線バスの需要は大きく落ち込んだのだと思われる。当時は運転手や車掌が翌日の早朝便のために泊まった宿舎が宿泊部として外部の人も泊まれるようになっている。結構大きな建物だが、中に案内されると廃校になった校舎か刑務所（行ったことはないが）の独房のように殺風景な廊下の両側にドアが並んでいて、やや不気味な感じである。部屋の中はＴＶが1台ポツンとあるだけで、あとは畳んだ蒲団があるのみ。少々後悔したが、今さらキャンセルをして他を探すのも面倒なので、話の種に泊まってみることにした。夜まで時間があるので、温泉街に行ってみたが、20年くらい前に妻と来た時と比べても大変な寂れようである。宿に戻って風呂に行くと、もともと多人数が宿泊するための施設なので実に大きくて立派。お湯は豊富に出ていてゆったりと入れた。もちろん入っている人は私だけである。夕食はバスを待つ人のための食堂で食べることになる。結構食事の内容は良いのだが、私を入れて4名。黙々と食べて、あとは寝るしかない。

17日。朝食を食べて7時40分に出発する。今日は夜にT田さん夫妻と合流してフェリーに乗るだけ。実は夕張に行ってみたかったので、この機会に夕張に向かう。ＪＲの夕張支線が最近廃線になり、今や廃駅となっている夕張駅前の屋台食堂で名物のカレー蕎麦を食べる。その後、夕張市石炭博物館に行った。これはなかなか良い博物館で北海道の開拓や夕張炭鉱が日本資本主義の発展にどのような役割を果たしたかがよくわかる展示であった。帰りに夕張メロンを買い、更に数少ない観光地になっている『幸福の黄色いハンカチ』のロケ地に行った。小さな展示館があり、地元のＮＰＯが運営している。苫小牧の近くの「沼ノ端」駅が待ち合わせ場所だが、まだ時間があるので少し苫小牧の市街のほうへ行ったイオンの巨大なショッピングモールにあるスターバックスで、久しぶりにコーヒーを飲みながら、今回の登山の記録を整理して時間を潰した。19時38分着の列車でＴ田さん夫妻が来られて、一緒にイオンに戻り夕食。その後は苫小牧東港に行って23時30分発のフェリーに乗り込んだ。

18日。朝食の後、山の衣類をコインランドリーで洗濯。疲れが出たのか食事以外は風呂とマッサージチェアーくらいで、一日中うつらうつらとしていた。敦賀では雨模様であったが、走るほどに晴れてきてＪＲ芦屋には23時到着。ここでＴ田夫妻と別れ、10日間の北海道の山旅が終わった。

今回の総登高標高差は４５９１ｍ、車の走行距離は１９５０㎞であった。

海外登山について――

私の趣味が登山だと言うと、「海外の山には行ったことがありますか」と聞かれることが多い。答えは「一度もありません」ということだが、正直なところあまり興味がないのである。20代の若い頃はまだ個人で海外登山をするというような時代ではなかった。ヒマラヤなどの海外登山は大人数で少しずつキャンプを伸ばしていく極地法という登山方法で、大学山岳部とそのＯＢ会が独占していた。社会人山岳会が参入するのはもう少し後の話である。一方、ヨーロッパアルプスについてはその有名なコース、いわゆる三大北壁を日本人の誰が最初に登るかということが話題になっている時代であった。為替が1ドル360円の時代であったから、仮に学生に時間があってもお金がなかった。強いて言えば、学業はしばらく犠牲にしてひたすらアルバイトでお金を貯めるしか方法はなかった。超人的な登山者である植村直己が単独でモンブランに登ったのは1966年で、私が槍ヶ岳を登った頃であった。当時の日本人クライマーの憧れであったアイガー北壁は1965年に高田光政によって登られたが、日本の超一流のクライマーによってようやく端緒が開かれた時代であった。したがって私のような体力・技術ではお呼びでないことはもとより、普通に学業を続けるという前提では金銭的にも時間的にも無理であった。

就職した後は、仕事に追われて、学生時代にかなり先鋭的な登山をしていた人もほとんどが山を辞めてしまうというのが一般的であった。私の場合も例外ではなく、ほとんど山登りをすることはなくなったが、それでも細々と山登りを続けていた。リタイヤ後は時間は十分あり、金銭的にも多少のゆとりも出てくるし、特に為替は大きく変わったので、ガイドの案内する海外登山は結構一般的になっていた。ただ私の場合はリタイヤ後に大病をしたこともあり、結局国内の百名山を登るくらいの体力しか残っていなかった。もちろん、海外の山と言ってもピンからキリまであり、山に登るのではなく、麓から山を見ながら歩く、いわゆるトレッキングならば、ある程度は行けるとは思うが、これには興味が湧かない。確かに旅行でヨーロッパや北米の山々を眺めると、美しいし、素晴らしいとは思うが、とても登れないとなると、どうも別の世界のようで、現実感が湧かないのである。ちょうど映画でものすごい美人の女優さんを見て素晴らしいとは思っても、現実感が湧かないのに似ている。

日本の山はせいぜい標高3000mで氷河もないし、ほとんどが藪山だが、それはそれで味わいがあり、頂上に立っても特別な景観があるわけではないが、そこに向かってひたすら登るという行為自体に、何か自分を捕えて放さないものがある。いずれにしても私は学業や会社生活といった普通の社会人の生活を選び、その中で許される範囲で山を登ってきた。その結果、海外のそれなりの山に登るというようなことはできなかったが、もちろんそれを後悔はしていない。それどころか、今後も日本の美しい山々をゆったりと登りたいと思っている。

89　飯豊山（いいでさん　飯豊本山２１０５ｍ　山形／新潟県境）２０１９年８月５日　73歳

90　鳥海山（ちょうかいさん　七高山２２２９ｍ　山形／秋田県境）２０１９年８月７日　73歳

91　月山（がっさん　１９８４ｍ　山形県）２０１９年８月８日　73歳

飯豊山は2年前の6月に石転び沢から登るべく挑戦したが、石転び雪渓を登り稜線の梅花皮小屋まで行ったところで悪天候に捕まり退却した。その翌年、今度は必ず登れるようにできるだけ簡単なコースを選び、しかも関西からは遠いところだから、ついでに鳥海山と月山も登ろうという計画を立てたが台風で中止になってしまった。今回は昨年の計画に再挑戦をすることにして、メンバーを募った。最初に行った時のメンバーのA川さんは退会したが、代わりに利尻山に行ったT田さんと前回の石転び沢に行ったO田さんが手を上げてくれた。女性2名と私の3人パーティーである。前回は運転をA川さんと私が交互にしたが、今回は運転をするのは私だけになるので、いささか厳しい。そこで交通手段は新潟まで新幹線で行って、レンタカーを借りることにした。

飯豊本山の夕焼け。

8月4日。新大阪を7時過ぎに出て東京経由で新潟へ。駅前で昼食を食べ、レンタカーを借りて13時半に出発。登山口を確認して少し戻り、弥平四郎の民宿には16時前に到着。古い民家で食事も山菜などの素朴なものが多く好感が持てる。ただこの辺りは結構暑く、冷房がないので寝苦しく、水分不足になったようだ。これが翌日に大きな影響を与えた。

5日。夏の飯豊は暑いことで有名なようなので、宿は4時半に出発。4時50分から登り出す。登山口にはかなり車が止まっていた。あとからわかったことだが、暑さを避けるために夜間に登る人もいるようだ。ペースを乱さずゆっくりと登るが、森林帯では風が吹かず汗が噴き出す。疣岩山（いぼいわやま）に近づくと森林帯から抜けるので風は多少あるが、それ以上に直射日光がすさまじく、とにかく暑い。この辺りから豊富な雪渓を抱えた飯豊の山稜が見え、高山植物も出てくるが、私は三国小屋の手前から熱中症のようになり、やっとの思いで小屋に着く。小屋の北側の日陰で水を飲み、おにぎりを食べたりして40分も休憩した。T田さんがハイドレーションのホースを貸してくれる。これはザックに入れた水筒からホースで水を外に出すもので、口にくわえて軽く噛むと水が出てくるという優れもので、かなり昔からあるものだが、私は使っていなかった。今回はその威力を実感することになる。40分の休憩でかなり回復したのとハイドレーションシステムで歩きながら少しずつ、点滴をするように水分を補給したことが功を奏して切合小屋には、コースタイムを少しオーバーするくらいの時間で到着した。ここは湧水が豊富で水を補給し、ここでも20分休憩した。ここからは飯豊本山の頂上とその側の本山小屋が見える。雪渓はますます多くなって2000m強の山とは思えないような景色になる。この辺りからは少し風が吹くようになり、体感温度が大分下がる。岩場があるなど単調さから解放され、体調も回復してきたのでコースタイムと同じペースに戻り、本山小屋には15時半に着いた。小屋に荷物を置いて水とカメラを持って頂上へ向かう。標高差は数mの違いだが、軽く下って登り返す。頂上には16時に到着。ようやく3年越しで登頂が終わった。

頂上付近はいくつか池塘があるらしく、蜻蛉が非常に多い。どこから湧くように発生するのだろうか。ともかくも念願の飯豊山も登れたわけで、全員で握手。私の熱中症についてはT田さんのおかげで無事に解決できて感謝。小屋に戻ると16時半から夕食が始まる。飯豊連峰とか朝日連峰の山上の小屋はほぼ全て自炊が原則で寝袋も持参ということになっているが、本山小屋は寝袋もあり食事も出るとのことなので、お願いしてよかった。夕食はパックのご飯とレトルトカレーを湯煎で温めたもので、そのお湯で作ったインスタントのコーンスープとデザートに缶詰の桃が付く。食器はパックご飯のケースと使い捨てのカップでお願いしますという徹底的に省人化、省資源化されたシステムである。食べきれないご飯はサランラップに残してごま塩をかけておにぎりにして翌日の昼食に持って帰ってくれという無駄無しシステム。これはこれで合理的で、環境負荷も減らせるので良い方法だと思った。

食事は天気が良いので屋外で食べることにして、とりあえずビールで乾杯。日が沈むまで外にいたが、ここでも沢山の蜻蛉が飛んでいる。2200mの高さなので、さすがに日が沈むと肌寒くなる。管理人がしっかりしているのでトイレも清潔だし、小屋の中もきれいで好感が持てた。それにしても二人の女性は元気。

私は熱中症になりかけたが、二人とも平然と登ってきた。無事登頂し、ビールで乾杯ができたのもお二人のおかげ。

6日。朝食も昨夜と同じシステム。ただレトルトは数種類から選択できて、私は親子丼。昨夜の夕焼け、今朝の日の出を楽しめたのは幸い。5時10分に下山開始。道は往路を引き返すのでペース配分もしやすい。ハイドレーションのおかげで快調に歩けて、登山口には13時40分に到着。とにかく車の冷房をフルにかけて、汗びっしょりのシャツを着替える。ここから鶴岡まで4時間のドライブが必要で、運転手は私だけなので、私にとっての今日の核心部はこのドライブ。眠気止めのドリンクを飲んで、14時20分に出発。鶴岡駅近くの民泊には19時前に到着した。食事は付いていない宿だが、食堂に電子レンジがあるので、近くのスーパーに買い出しに行く。お惣菜類はほとんど売り切れだが、冷凍のパスタやビールを買い込んで帰る。冷凍食品は結構美味しく、ビールを飲んで文句なく楽しい夕食となった。食後、順番にお風呂に入り、洗濯機を借りて汗だくの衣類の洗濯をする。部屋に干しておいたが、冷房の乾燥で、翌朝までにほとんど乾いた。天気予報を見ると明日は良さそうだが、明後日は天気が崩れそうなので、予定を変更して楽な月山を明後日に回し、明日は鳥海山に行くことにする。就寝は22時を過ぎたが、明日は6時出発とする。

7日。6時に出発し、近くのコンビニで朝食と昼食を買って鳥海山に向かう。矢島口（祓川口《はらいがわ》）の駐車場には8時に到着。朝食を食べ、8時20分に出発する。登り出してすぐに雪渓が現れる。このコースは雪渓が多く、7月初旬ならほとんど雪渓を伝って頂上まで行けるだろう。雪の上には所々に赤いスプレーでコースが示されており、登山道に下りるところには赤布があるが、慣れていないと戸惑う人もいるだろう。お花畑も美しく、意外に人の手が入っておらず、面白い山である。七高山に着いたのは13時10分。鳥海山の頂上としてここまで登る人も多いが、正確には火口壁を降りて対岸にある新山が数m高い。山頂にいる人もすぐそばに見えるので、新山の頂上まで行きたいところだが往復には1時間以上かかるし、飯豊の疲れも残っているので、ここから下山することにする。そうと決まればゆっくり食事をして英気を養う。13時40分に下山開始。下りは尾根道の康新道に入る。鳥海山を別の角度から見える良い道で、しっかり踏まれているが、最近通る人が少ないのか草がかなり被っている。駐車場に着いたのは17時を過ぎていた。ここから宿までは2時間かかるので、今夜も食料を買って帰って宿で食べることにする。酒田の大きなイオンのモールでお寿司やお惣菜を買って帰る。宿に着いたのは19時半頃であった。連日結構な行動時間で疲れが溜まってきているので、明日の月山はリフトが使える一番楽な姥沢からのコースに変更することにした。

８日。宿を7時に出て登山口には8時に到着。８時20分から歩き出したが、10分でリフトの下に到着。乗場の売店で2個３５０円のおにぎりを昼食用に買った。リフトの頂上駅から歩き出すが、ここは文字通り女・子供のコースで、小さな子供も登ってくる。月山の三角点は１９７９・８ｍだが、最高点は１９８４ｍの月山神社の奥の院で、ここに行くには拝観料５００円を払わなければならない。神主が短い祝詞とお祓いをしてくれる。最高点は写真撮影禁止。神社の外で先ほど買ったおにぎりを食べる。注文してから握ってくれたので、確かに美味しい。これで今回の三山は全て登り終えた。下りは姥ヶ岳を通るコースで下った。姥ヶ岳の頂上には小さな池塘があり静かなコースだが、ガスが湧き出て山頂が見えなくなった。ところが休憩中に突如ガスが晴れて巨大な積乱雲が現れた。芭蕉の有名な俳句「雲の峰いくつ崩れて月の山」の光景を彷彿とさせる。ちなみにこの俳句の「月の山」は「月山」のことである。リフトを使って駐車場に戻ったのは14時半で、あとは宿に戻るだけ。宿には16時頃に着いた。

ところが、入り口で同宿の大学生たちが集まって騒いでいる。聞くと宿のおばさんが出かけていて鍵が開かない、携帯に電話をするがつながらないとのこと。ところが我がメンバーのT田さんが「確か裏の網戸の辺りから入れるはずだ」と言って、裏庭に消えた。見事に侵入に成功して、中から鍵を開けてくれた。全員が拍手。早速冷房を入れ、すでに2泊して様子もわかっているので風呂を沸かしてさっぱりした。そのうち、おばさんが「ごめんごめん」と言いながら帰ってきた。まだ時間的には夕食を食べに出かけることは可能だが、お風呂に入ってしまうと、全員ぐったりして、結局オーナーのおばさんご推薦のお惣菜屋さんで食料を仕入れた。美味しい料理で、全員満足。2年前に飯豊山を梅花皮雪渓から登ろうとした時、登頂後に飲もうと○田さんが持ってきたが飲めずに終わった焼酎を今回持ってきてくれたので、全ての計画達成を祝って焼酎の水割りを作って乾杯した。

9日。今日は帰るだけなので、おばさんに頼んでおいた朝食を食べた。野菜が豊富な健康食であった。7時20分に出発して車で新潟まで戻り、レンタカーを返却。新幹線はお盆休みが始まる直前で、多少混んでいたが、問題なく座れて、東京経由で新大阪には17時到着。ここで解散した。

山の装備について――

70歳を過ぎて、いくら簡単な山とはいえ、ほぼ2～3週間ごとに山に出かけ、しかも毎日1000m程度の標高差を登っているので、えらく元気だなと驚かれたりする。これはペース配分などのある意味での技術があるからということもあるが、基本的には体力がそこそこはあることも事実だと思う。これは私だけでなく、最近の中高年が皆元気になってきているということだろう。私が入社した1970年頃は確か55歳くらいが定年だったと思う。それが60歳になり、更に65歳まで延びた。栄養状態、衛生状態、医学の進歩などいろいろな理由があるからだと思うが、健康ということが、今まで山を続けられた最大の要因だと思う。私が罹患した食道がんも数十年前はほとんど手の施しようがなかったらしく、食道がんの手術が成功したというだけで論文が書けた時代があったそうだ。もしそうした時代に生きていたら、私の場合は67歳～８歳で寿命が尽きていただろう。ちなみに深田久弥が亡くなったのは１９７１年、68歳であった。

もう一つ山に登り続けることができる大きな要因は、世の中の登山技術、特に装備の飛躍的な進歩がある。これによって昔と比べると驚くばかりの軽量化が実現し、70歳を過ぎた老人でも軽いザックを担いで安全に山を登れるようになった。少し長くなるが、その点について簡単に述べたい。

まずリュックサック。これは登山では不可欠な装備であることは今も昔も変わらない。私が登山を始めた１９６０年代はリュックと言えばキスリング型と言われる、帆布で出来た横長のザックであった。材質の帆布であるが、読んで字の如く帆船の帆の材料である。大きな船も帆船であった時代から帆の材料として使われてきたのだと思う。船を動かす力は帆に受ける風の力であるから、帆の材料が弱いと、船を動かす前に布が破れてしまう。しかも帆は雨や潮風にさらされ、かつ強い紫外線が当たるから、材質的に耐久性の強いものでなければならない。こうした布はリュックサックの材質として最適であった。ただしそれ自体の重量が重たく、しかも防水性は貧弱であったから荷物を入れる前にすでに重たいものであった。その後、化学繊維が発達して強度が強く、軽いザックが作られるようになった。同じような理由からテントも綿と化学繊維の混紡の布が主流で、これまた重く、しかも雨で濡れると簡単には乾かないから更にずっしりと重たくなった。今では軽いナイロンが主流である。

登山靴については「妻の山登り」のところで述べたが、いわゆる革の山靴でこれがまた重たかった。最近では無雪期の山なら布製で強度も高く、軽いものが多くあってほぼ重量は３分の１くらいになっているのではないかと思う。この差は積雪期用の靴になると顕著で、昔の革の靴では防水性と保温性が悪く、雪山ではオーバーシューズという布製の靴を履き、その上にアイゼンを付けるというのが一般的であった。これは重量のみならず岩壁での登攀技術の差にもなっている。

もう一つ重要な点は衣類である。この進歩が中高年の登山に及ぼした貢献は計りしれない。まず、決定的な進歩は雨具である。私が山を始めた頃の雨具と言えば、ビニールの合羽かゴム引きの合羽しかなかった。前者は軽いがちょっとしたことで簡単に破れてしまう。後者は防水性は完璧だが非常に重たくて山には向かない。いわゆるヤッケというジャケットはあったが、これは防風着であって、防水性はほとんどなかった。しかもビニールにせよゴム引きにせよ致命的な点は蒸れることであって、山では発汗によって結局内部からびしょ濡れになってしまった。このような状態で強風に当たると、体温が急速に下がり、夏でも低体温症、いわゆる凍死にいたる事故は結構あった。ところがゴアテックスという繊維が発明され、雨具の大革命が起こった。これは、水は通さないが水蒸気は通す（つまり水の分子は通す）というもので、内部の蒸れによる濡れを防ぎ、かつ完璧な防水性があり、ほぼ理想の雨具が開発されたわけである。この結果、悪天候での凍死などは大きく減少したと思う。私も初めてゴアテックスの雨具を着て、その性能に驚いたことがある。

もう一つの衣類の大発明は速乾性の衣類の発明である。昔から下着は木綿がよく用いられていた。しかし木綿は吸水性は良いものの、乾きが悪いので、山で汗や雨でひとたび濡れると非常に寒く、これが凍死の原因になった。そのため山の衣類はウールということになっていた。ウールの良さは濡れてもある程度の保温性があるということで、冬山ではパンツからシャツまで全てウールにしていた。ただ速乾性はなく、濡れると重たくなり、下山して洗濯をすると縮んでフェルト状になってしまうなど扱いが難しかった。ところが様々な新素材が開発され、濡れても速乾性があること、しかも保温性もあるものなど、この分野の進歩は目覚ましいものがあった。これは登山だけでなく、日常生活の下着類にも応用されている。最初は結構高価であったが、使ってみるとそれに余りある性能に驚いたことがある。

結局、ザック、登山靴、雨具、衣類などにおいて新素材が次々と出てきたことから、素晴らしい高性能化と軽量化が実現した。ほとんどの中高年の登山者にとって必要な登山用具はほぼこれら４点に限られるから、これは中高年の登山者の増加に大きな貢献をしたことになる。

この他、科学技術の進歩はいろいろなところで多大の影響をもたらした。例えば、昔は単三電池４本とよく切れる豆電球であったヘッドライトは、今は軽いＬＥＤライトになった。スマートフォンに地形図をダウンロードしておけば、ＧＰＳで自分の場所がすぐにわかるようになり、道迷いに対してはかなりの成果をもたらすようになった。食料もフリーズドライの技術が進歩して、お湯をかけるだけでそこそこ美味しいものが食べられるようになったので、持って行くべき食料は軽くなり、調理のための燃料も少なくて済むようになった。その他、一般の中高年の登山者にはあまり関係はないが、登攀用のクライミングロープは驚くほどの進歩をして、クライミングの技術を一変してしまった。

こうした登山道具の進展を解説し出すときりがないが、このおかげで中高年も元気に山に登れるようになったということは覚えておきたい。

92　八幡平（はちまんたい　1614m　東北・盛岡近辺）2019年9月1日　73歳

93　岩手山（いわてさん　2038m　東北・盛岡近辺）2019年9月2日　73歳

94　早池峰山（はやちねさん　1917m　東北・北上山地）2019年9月3日　73歳

95　男体山（なんたいさん　2486m　日光・中禅寺湖そば）2019年9月4日　73歳

百名山も残り少なくなってきたが、最後まで東北の山はなかなか手が付かなかった。八甲田山と岩木山は最後に取っておくことにして、残るこの四山を一気に片付けることにした。男体山は東北の山というより北関東だと思うが、東北の帰りに登ることにした。登山としてはやや興味が薄いような気がして、誰も同行希望者が出ないのではと思っていたが、幸いT本さん、H中さん、F田さんが手を上げてくれた。男性2名、女性2名のパーティーである。

9月1日。朝6時過ぎに新大阪を出て、東京経由で盛岡には昼前に着いた。盛岡駅前でレンタカーを借りて八幡平に向かう。八幡平アスピーテラインで八幡平まで登る。盛岡駅前から1時間弱で頂上レストハウスの駐車場に着いた。日曜の午後なので駐車場は空いている。大きな駐車場で、夏のハイシーズンには大変な混雑なのだろう。標高はすでに1540mでほとんど頂上である。この山は頂上周辺が広大な湿原なので、どこが頂上かわかりにくい。とにかく13時半に出発する。

天気は曇り時々晴れという感じだが、風が非常に強い。曇りのために遠望は利かないが、目の前には明日登る岩手山の雄大な山容が望まれる。少し登ると見返峠で、その先に八幡沼の広大な池が現れる。山頂近くにこのような池があることに驚かされる。山頂というか最高高度点は1614mだから、駐車場から標高差はわずか74m。林の中なので、展望台がありそこに登ると周囲の山々が見える。南に4時間半ほど縦走すると大深岳。ここまでは2009年の9月に来たことがある。東北の美渓の一つである葛根田川を遡行した時で、谷は岩魚が豊富で入れ食いのように釣れて楽しい遡行であった。あれから10年経ったわけだが、ついこの前のようにも思えるし、はるか昔のようにも思える。駐車場に戻ったのは15時半。往路を引き返して盛岡駅前のホテルには17時前に到着。なかなかきれいなホテルだが、30日以上前に予約したので格安。荷物を置いて立ち寄りの湯に行く。結構混んでいたが、温泉を楽しみ、併設されている食堂で夕食。明日の朝食と昼食を買って戻る。

2日。ホテルを4時半に出発し、岩手山馬返し登山口に5時半に到着。天気は曇り。二・五合で新道と旧道に別れる。旧道に入る。この道は岩がゴロゴロしているが、割合眺めが良い。七合目で新道と合流すると道は平坦になり、やがて八合目の避難小屋。管理人がいてトイレも立派できれいである。水も豊富に出ていて、ここで昼食を食べて英気を養う。ここから頂上までは標高差で200mくらい。森林帯を過ぎると風が強くなる。やがて火口の縁に出る。時計回りに回って登ると岩手山の山頂とされる薬師岳の頂上に到着。10時半過ぎである。10分ほどで下山を開始。下りは新道を下ったが、途中から雨になる。それほど酷い雨ではなく14時半に駐車場に戻った。泥のついた靴を洗い、15時前に出発。東北自動車道を走り新花巻駅近くのドミトリータイプの民宿には16時50分に到着。お風呂は教えてもらった東和温泉に行ったが、なんと改修工事中で閉鎖。そばにいた地元の人に教えてもらった志戸平温泉に向かう。ここは立派なホテルの温泉だが、到着までの運転時間は結構かかった。温泉に入り、食堂で定食を食べて引き返す。朝が早かったのですぐに就寝。

3日。今朝も3時半に起床。宿の共用スペースにはお湯と無料の紅茶、コーヒーがあるので、ここでパンをかじって朝食。昨日と同じ4時半に出発。カーナビのセットを間違って遠回りをしたが、早池峰山の小田越の近くに駐車。小田越を6時過ぎに出発する。道はよく整備されているが、森林帯を抜けると目前に大きな岩壁が立ちはだかる壮大な斜面になる。実際は鉄の梯子が整備されていて問題なく通過できるが、夏場など人が多い時は交通渋滞が起こるだろう。ここを過ぎると傾斜が緩くなり、やがて金属の剣が多数奉納されている頂上に着いた。まだ8時45分である。天気も良くて気持ちが良いが、やはり遠望は利かない。標高千数百m級の北上山地がどこまでも広がる。遠野はすぐそばで日本の原風景のような景色である。下りは1時間半で下りてしまった。

ここから盛岡へ引き返すのだが、途中の道の駅で蕎麦を食べる。久しぶりに関東風の濃い汁に入った掛け蕎麦を食べた。どうも蕎麦は関東風の濃い出汁のほうが合いそうに思う。盛岡でレンタカーを返却し新幹線で宇都宮まで、そして日光線で日光へ移動した。宇都宮辺りから天気が悪くなり、日光では小雨が降っていた。宿は東武日光の駅前の民泊で18時に到着。1階のカフェ&パブという感じの店が受付で、裏のマンションの一室が今夜の部屋。2DKで2つの部屋に二段ベッドがあり4人が泊まれる。風呂、トイレはもちろん共用。そのくせ一人5000円と結構割高だが、天下の観光地の日光の駅前だから仕方がないのかもしれない。女性方は疲れたので明日は日光の観光をしたいとの希望で、男体山はT本さんと二人で行くことにする。

4日。T本さんと5時半に宿を出て東武日光の駅前に行ったが、タクシーは1台もなし。電話もつながらず困っていたら、偶然1台のタクシーが現れたので5時45分に出発できた。山は霧に覆われていたが、中禅寺湖のそばに来ると霧が晴れて曇り空になった。中宮祠で500円の入山料を払って6時半より登り出す。この山自体が中宮祠の御神体ということで、開山式から閉山式までの期間しか入山できないことになっている。途中から潜り込んで登る人もいるようだが、宗教的な問題はやはり尊重すべきだろう。この山は富士山型の山で、とにかく登り一辺倒の山で、曇り空の中を登り続けると10時半に頂上に着いた。時々ガスが切れて中禅寺湖が見える以外に眺望はなく、昼食を食べて十分に休憩して11時10分に下山を開始。バス停には13時半に到着。13時59分のバスで日光へ戻る。駅前で女性２人と出会うが、ここからの帰宅はそれぞれ自由。我々は宿に預けた荷物を取りに戻り、その後ＪＲ日光の駅前のホテルの温泉に入り、汗と雨で濡れた衣類を着替え、さっぱりとして帰路に就いた。

96　高妻山（たかつまやま　２３５３ｍ　新潟／長野・戸隠山系）２０１９年９月25日　74歳

97　火打山（ひうちやま　２４６２ｍ　新潟・頸城山塊）２０１９年９月26日　74歳

98　妙高山（みょうこうさん　２４５４ｍ　新潟・頸城山塊）２０１９年９月27日　74歳

この三つの山は長野から近く、今まで登っていなかったというのが不思議である。決して凡庸な山ではないのだが、どうもこの辺りには良い山が多いので目移りしてしまったということだろう。それなりに有名な山なので誘えば誰か手を上げるのではと思ったが、誰も希望者はいないので一人で行くことにした。時期的にはもう少し遅らせたほうが紅葉がきれいだが、そうなると小屋は大変混むのでやや早いが今年中に百名山を終えるという目標達成を優先することにした。

９月24日。８時前に自宅を出て一人で車を飛ばす。15時に戸隠キャンプ場に着き、登山口を確認する。戸隠中社へ引き返して民宿に泊まる。
25日。3時過ぎに起きて3時40分に車で出発。戸隠キャンプ場の登山者用無料駐車場に止めて4時ちょうどに出発する。この季節になるとまだ真っ暗でヘッドライトをつけて歩き出す。谷間の道なので夜明けは遅いが、5時20分、急に辺りが明るくなる。太陽は直接見えないが夜が明けたようだ。主稜線にある一不動の避難小屋には6時半に到着。ここでしばらく休憩しておにぎりを食べる。朝方は少し雨が降っていたが、この頃になると完全に晴れ上がって絶好の登山日和になる。大昔の12月に戸隠山からここまで縦走して、先ほど登った谷間を下降したことがある。完全な雪山であったが、なかなか面白いコースであった。ここまでは順調であったが、ここから高妻山まではまだ遠い。遠くからもよく見えるピラミッドのようなきれいな形をした山だが、小さな登り下りが多く、頂上までは更に3時間半かかり、10時20分に到着した。戸隠連山が一望だが、この頃からガスが出て遠望が利かなくなった。すぐそばには明日から登る妙高山がよく見える。30分近く休憩して下山にかかる。紅葉がきれいなわけでもなく、リンドウが咲いているくらいで地味な山である。下りは弥勒尾根経由としたが、あまり歩きやすい道ではない。駐車場には15時10分に到着。宿には15時半に戻った。

近くの温泉に行き、翌日の準備をする。今夜の宿泊者は私を入れて3人。食堂でしばらく話をする。そのうちの1人が言うにはガイドツアーの百名山では熟練者向きのコースが3つあるそうで、北海道のトムラウシ、南アルプスの光岳（茶臼小屋から往復）、そしてこの高妻山とのこと。いずれも途中に小屋がなく、一気に登り切るか戻るかしかないからのようだ。光岳には小屋はあるが、食事の提供は50歳以上などいろいろ条件があり、ガイドツアーは食事のある茶臼小屋からの往復しか計画しにくいからだろう。いずれにしても高妻山はあまり有名ではないが、しんどい部類に入るのだろう。今回は4時から歩き出して下山したのは15

時半だから、休憩を入れて11時間半。朝早くからライトをつけて歩き出したのは正解であった。

26日。５時に宿を出る。今日も良い天気で、夜が明けてくると妙高山が目の前に聳えている。笹ヶ峰の駐車場は車が一杯である。結構寒くてフリースを着て歩き出す。昨日の疲れがあるので、ゆっくり歩く。どんどん追い越されるが、気にせずペースを守る。この山は紅葉が進み、眺めが素晴らしい。人気の高谷池ヒュッテは増築工事中。昔、６月にここまで来たことがある。まだ2階から出入りするくらい雪があった。昼食を食べていると、そばにいたS藤さんと話が合い、コースも同じなので、以降は二人で歩くことになった。空は限りなく青く、高谷池、天狗の庭などの高層湿原も美しい。火打山山頂には12時半に到着。すぐ下には日本海が見える。頂上を後にして黒沢池まで紅葉を愛でながら歩き、黒沢池ヒュッテには15時半に到着。八角形の独特な形状をした小屋だが、管理が悪くいたるところが崩れている。夕食も缶詰のサンマ一切れと野菜の煮物少量とみそ汁というもので、昔の山小屋並み。夕方になると急に寒くなり、インナーダウンとフリースを着込む。夜、外に出てみると素晴らしい星空。久しぶりに天の川が明瞭に見える。

27日。朝食は全員４時半から。クレープを焼いたのが何枚もあり、ジャムが置いてあるので各自がそれを塗って食べる。スープと薄いコーヒーが飲み物。クレープは水気が多くて胃にもたれる感じ。１枚食べたが2枚も食べる気にならない。５時40分にS藤さんと出発。大倉乗越から一度大きく下って登り返して稜線に出ると間もなく妙高山山頂。８時半である。三角点はここにあるが、標高の最高点は妙高大神で８ｍほど高いので一応そこまで行く。それにしても雲一つない大快晴である。往路を引き返して黒沢池ヒュッテに預けておいた荷物を取り、12時半に下山を開始。黒沢池の湿原に沿って下り、湿原が切れたところから右岸の道を行くと昨日の登山道に合流した。この間の道も紅葉が素晴らしかった。駐車場には15時半に到着。ここでS藤さんと別れる。

16時に駐車場を出て、高速道路を経て塩尻北ＩＣで高速を出て信州健康ランドに行く。インターネットで見つけた立ち寄りの湯だが、仮眠室で終夜泊まれるし、いくつもレストランがあるという便利なもので18時に到着。パジャマとタオルをもらい、まずは汗を流す。その後は中華料理の定食を食べて、１８０度倒れるソファーで熟睡。

28日。４時にチェックアウトして、空いている道を走り自宅には10時に到着した。

99　八甲田山（はっこうださん　１５８５ｍ　青森近く）２０１９年10月16日　74歳

100　岩木山（いわきさん　１６２５ｍ　弘前近く）２０１９年10月17日　74歳

いよいよ百名山も残すところ二山になった。実は百山目の山は今までのわがままのお礼を兼ねて妻と登りたいと考えていた。妻でも登れて、できれば季節の良い時にということで、東北の紅葉を愛でることができて、しかも程よい登山気分が出るところの候補をいろいろ考えた結果、酸ヶ湯温泉から八甲田山と、ほとんど車とリフトで登れる岩木山を99番目と１００番目とすることにした。出発直前に台風19号が東北地方に大きな災害をもたらし、東北新幹線も不通になって計画が危ぶまれたが、13日の夕方になって無事開通した。宿や道路も問題ないとのことなので、予定通り実行に移すことにした。

10月15日。新大阪を7時過ぎに出て、東京経由で新青森には13時半に到着。レンタカーを借りて14時前に出発。酸ヶ湯温泉に泊まりたかったが、団体旅行で満員とのことで、八甲田ロープウエーの麓にある八甲田山荘に宿を取った。まずは宿の前を通り過ぎて酸ヶ湯に行き、登山口を確認する。辺りは素晴らしい紅葉で、時期的にはちょうど良かった。その後、八甲田山荘に戻りチェックインをする。同宿者は3組しかいないようだ。妻はここの温泉でいいというが、私は一度酸ヶ湯の千人風呂に入ってみたかったので、一人で酸ヶ湯温泉に行く。湯治場の雰囲気はあるが、私はもう少し熱いほうが好みだ。青森からの道中で明日の昼食を買うのを忘れたので、売店でカップラーメンとバナナを買い込む。夕食はなかなか美味しくて満足。

16日。宿を7時半に出発し、酸ヶ湯の駐車場に車を止めて8時から歩き出す。とにかくゆっくり歩く。天気は晴れ時々曇りという状況。避難小屋分岐まで来ると小さな湿原があり、小休止する。ここから少し登ると森林限界を過ぎて風が強くなり、加えて頂上を覆う雲に突入したため、全くの霧の中になる。八甲田大岳頂上には11時20分に到着。

岩木山頂上。百名山完登。

頂上を囲んでいるロープには霧氷が付いている。写真を撮って早々に大岳避難小屋に向かう。避難小屋は森林限界にあり、中に入ると結構沢山の人がいた。テルモス（魔法瓶）のお湯でカップラーメンを作り昼食。12時半に出発して毛無岱湿原に向かう。ここは池塘と草原の美しい場所で周囲の山肌は一面の紅葉である。この頃から雲が晴れてきて、時々大岳の山頂が望める。休憩場所で残ったお湯を使ってコーヒーを飲む。更に下ると下毛無岱の湿原で、こちらのほうが規模は大きい。正面には明日登る岩木山が望まれる。雄大な裾野を持つ立派な山容であるが、この山も頂上付近は雲に隠れている。酸ヶ湯には14時50分に到着。この頃には頂上の雲は完全に取れて、青空と紅葉の素晴らしい眺めになった。ここからは弘前の街を抜けて嶽温泉に向かう。すでに夕方で岩木山のシルエットが美しい。宿には16時50分に到着。昨夜のようなスキーロッジではなくて、山の温泉宿。お風呂は酸ヶ湯と同じ白濁したお湯で他に客がいないので、ゆっくり入る。夕食もまずまずであった。

17日。宿を8時50分に出て、すぐに津軽岩木スカイラインに入る。八合目にきれいなレストハウスがあり、ここに駐車する。まだ9時20分である。ただ今日も頂上付近は雲がかかっているので、しばらくレストハウスで様子を見る。ここからはすぐ下に日本海が見える。こちらのほうは穏やかな秋の日差しが射していて、荒海というような感じは微塵もない。10時まで待ってみたが様子は変わらないので、リフトで九合目まで登る。ここから頂上までは標高差150mしかないが、風が強い。ゆっくり1時間近くかけて頂上には11時15分に到着した。

これで百名山は達成。山頂に無人小屋があり、そこに入ってテルモスのお湯でコーヒーを飲みクラッカーを食べて大休止。12時ちょうどに下山開始。往路を引き返し八合目の駐車場には12時50分に到着。一休みの後、車で弘前の街に出て更に東北自動車道で秋田県の大湯温泉の宿に行く。まだ時間があるので、すぐ近くの大湯環状列石という縄文時代のストーンヘンジを見に行く。どうも青森辺りは三内丸山遺跡とか縄文時代の遺跡が多く、興味深い地域である。

今夜の宿は、妻が今年古稀を迎えたので子供たちがくれたお祝いのギフト券で予約した宿である。今回の旅行では一番豪華な宿。宿に戻り、大きなお風呂や露天風呂に入って夕食。家族全体に祝ってもらえ、手術後7年半健康が守られて、ようやく計画達成できた。妻と乾杯をしてようやく百名山は完結となった。

妻の感想は、何といっても手術後に目標を持って体を鍛えて、ともかくも7年半健康で目標の山が登れたということが一番良かった。山というより健康の回復に感謝ということであった。それは私の感想でもある。それにしても「よく嫌がりもせずに山に付き合ってくれたな」という点については、別に山が嫌いなわけではなくて、あまりに辛いところは困るが、そうでなければ自然は好きだから、困らない。私が誘ったような場所は一人や友人とでは行けないところだから、そういう点ではチャンスだと思ったから、とのことであった。本当にありがたいと礼を述べた。

18日。今日は帰宅するだけなので、十和田湖に行く。天気は快晴で気持ちが良い。その後は奥入瀬渓谷に沿って車を走らせた。新青森でレンタカーを返して新幹線に乗車。ビールを飲むと一気に疲れが出て、東京まで熟睡した。自宅には23時に到着。芦屋は雨であった。

これで、百名山は登り終えた。最後の二山は頂上付近が霧と強風で大展望を見て終わりとするわけにはいかなかったが、これはこれで思い出深い山頂となった。

なお、この百山目から３ヶ月後の２０２０年1月に中国の武漢で新型コロナウイルスによる感染症(COVID-19)が発生、瞬く間に全世界に広がるパンデミックとなった。日本国内でも緊急事態宣言が出され、自宅からの外出の自粛要請が出て一気に世の中の活動が停まってしまった。遠くへの外出はもとより、近くの山へ行くことも停まってしまった。6月になりようやく規制は解除されたが、第2波、第3波への警戒などから山小屋の営業も困難になり、登山活動も大きな制約を受けることになった。こうしたことを考えると、２０１９年内に百名山を終えられたことは本当にラッキーであった。もし２０２０年に持ち越していたら、いつ登れるかわからないということになったかもしれない。この点でも思い出深い百山目であった。

筆を置くにあたって

1960年の中学3年生、14歳から始まった山登りは当初は百名山など歯牙にも掛けなかったが、2019年10月、74歳になって百名山を登り終えることができた。実に60年にわたる山登りであった。この記録を見てみると、10年間の学生時代には百名山は16山しか登っておらず、そのうちで3山はバリエーションルートから、7山は雪山の登山であって、普通の無雪期の登山道から登った山は6山に過ぎない。社会人になってからの41年間には20山しか登っておらず、そのうちバリエーションルートは1山、雪山は4山と困難な山は激減している。いずれにしてもリタイヤ前の51年間には36山しか登っておらず、いかに百名山を意識していなかったかがわかるだろう。結局、全体の3分の2を占める64山は最初に書いたようにリタイヤ後、正確には食道がんの手術後である。当然ほとんどは通常の無雪期に登山道から登っているが、それでもバリエーションルートから3山、雪山が1山含まれていることは、まだまだ昔のような山登りへの憧れが残っていたことを示している。またこの百山のうち36山は単独行である。こうした統計的な資料を眺めてみると、私の山登りの特徴が見えてくる。

特徴的なことの1つは中学、高校時代のスキー登山部と60歳以降のみろく山の会とアルペン芦山という街の山の会しか組織に加わったことがない点で、ほとんどの期間は少数の友人とパーティーを組むか単独行であったことである。このことは危険性も高かったかもしれないが、逆に長く登山を続けることができた要因であったと思う。その時々の自分の置かれている環境の中でやれる範囲で山登りを続けることができたからである。若い時に激しい登山を続けた人が、就職や結婚を契機に山から遠ざかることはよくあることである。

現在、圧倒的に多い登山者は中高年になって登山を始めた人たちである。そのように見ていくと、とにかく半世紀以上、細々と山登りを続けている私などは、かなり珍しいケースと言えよう。

もともと山登りと文章とは密接な関係がある。その理由の一つは山登りの成果、例えばアルプスやヒマラヤの処女峰の初登頂などは詳細な報告書があって初めて世間に認知されるということがある。これは何も山登りだけでなく、広い意味での探検についても同様である。報告書によってその登頂に至るまでの様々な出来事や様子が明らかにされ、その信憑性が確保されるということである。また初登頂などのパイオニアワークではなくても、傑出した内容の登山は多くの人の興味を引くものがある。当然、その中には文学的に優れたものもあり、初版から百年経ても新しい読者がいて、文庫本になっているものもある。

もう一つは旅行記、紀行文などを源流とするもので、山登りの内容は特に新しくなくても、その文学性から多くの人に読まれる文章で、深田久弥の『日本百名山』もこのカテゴリーに入る。大体この二つの流れがあるわけだが、実際は画然と分けられているわけでなく、山岳文学と言われるものの大部分はこの両方の要素を持っている。

実用的観点からすると、最近ではインターネットで様々な山の記録を見ることができるが、インターネット以前は書籍しか情報源がなく、特に最新の情報は『山と渓谷』とか『岳人』といった雑誌に頼るしかなかった。したがっていろいろな山の会の記録は貴重な情報であり、山から帰宅すると忘れないうちにその記録を会に提出するということは、後輩たちに正確な情報を残すという意味でも大切なことであった。だからどこの山の会や山岳部でも立派な会報を出していたし、それが山岳界全体に対する貢献でもあった。このようなことから、高校生の時代から山登りの記録をしっかり書くという習慣が身についた。私の高校時代のスキー登山部の年報『雲海』は18号まで続き、その後、部活動が停滞期に入って編集されなくなり、やがて廃部になった。この年報の創刊号は終戦直後の昭和21年から29年までのものをまとめたものである。終戦後の非常な物資不足の中、ガリ版で書かれたものを集大成したものなので、全部で18号とはいいながら、昭和21年から50年までの約30年の記録である。体育会の中で30年間年報を出し続けたというだけでも、やはり登山というスポーツは通常のスポーツとは異なっていて、その活動と文章を書くということは切り離し難いものだということがよくわかると思う。これは多くの大学の山岳部の会報や有名山岳会の会報についても言えることで、今も街の小さな山の会でも、それなりの会報を発行しているところは全国に沢山存在している。

過去60年間の山登りの記録がほぼ完全に残っていたのは、こうした背景があるからである。ただ就職した後の1971年から93年までの間の記録はかなりおおざっぱで、そのためにこの百名山の記録においても年・月まではわかっても日がわからぬものが6山ほどあるが、残りは年月日、ものによっては時刻まで詳細に記録が残っている。言うまでもないことだが、拙書には特段傑出した登攀記録があるわけではなく、内容的に山岳界に貢献するというようなものはない。どこにでもいる山好きの思い出話に過ぎない。ただ、多少自慢できることがあるとすれば、それが60年にわたってほぼ途切れなく続いていることと、その記録が残っていることである。つまり私の人生と私の山登りは不可分なものであると言えよう。音楽でたとえるなら、人生の中で起こった学業、就職、結婚、会社人生、リタイヤ、健康などは、言わばメロディーの部分だとすれば、山登りはその音楽の通奏低音のようなものと言えよう。ほとんど聞こえないほど低く、時にはやや高く聞こえる、そのような音だと思う。しかしそれによって一つの音楽が成り立っているように、私の人生においては山登りのない人生は考えられない。今後も健康の許す限り山に登り続けたいと思うが、いずれは山に登れない日が来るだろう。かつて私とロープを結び合った後藤君が最後まで昔の山の思い出に支えられたように、私にとっても様々な山の思い出が通奏低音のごとく、低くひそかに鳴り続けると思う。

人生を支えるものという意味では、１９８１年12月に妻と一緒にキリスト教の洗礼を受けたことも大きなことで、間もなく40年になる。ある程度はまじめな信徒であったが、とりたてて教会や世の中のために大きな働きをしたわけではない。しかし、これも私の生き方を支える大きな部分を占めている。更に加えると、がん手術の後から始めた俳句がある。こちらはまだ8年に過ぎないが、今や生活の中で大きな部分を占めている。これによって、自然を見る目が少しずつ変わってきたかもしれない。ただがむしゃらに登る山登りから、自然の中にゆったりと入り込んでいくような山登りに少しずつ変わってきたように思う。年齢のせいだけでなく、長く続けてきたことで見えるものが明らかになってきたと言えるかもしれない。

謝辞

この本を書き出した当初は、75歳になった記念に今までの山登りと人生を振り返って、何かまとまった文章を残そう、そしてお世話になった方々に差し上げようというような気持ちであった。

少し書き出したところで、たまたま灘高校以来の畏友である稲岡稔さんに見せたところ、面白いから是非完成させて出版すべきだと励まされた。特別自慢できるような内容はないが、山登りとは縁のない稲岡さんが面白いと言ってくれるのなら、軽い読み物として書いてみるかという気持ちで書き始めた。また、この話を俳句の仲間の外山妙子さんにしたところ、是非読みたいと希望された。山に関係のない女性が読めばどのような反応が出るか興味があったので、お願いして読んでいただいた。これも結構、高評価をいただいたので、ついに出版する決意をしたわけである。これ以外にも妻を含めて多数の方々のご協力を得た。これらの励ましや協力がなければ、この本が日の目を見ることはなかったであろう。心より感謝している。

最後に筆を置くにあたり、母故戸田貞子と妻戸田香代子に感謝したい。二人の女性の愛情と理解、そして支えがなかったならば、私の人生は大きく変わっていただろうし、そうであれば私の山登りというものも存在しなかったかもしれない。私事ながら記して筆を置くこととする。

百名山60年を六甲山麓で迎えて

戸田　祐一

付録　山岳用語解説

以上の記録を読む場合、いろいろ山登りの用語が出てくるので、山登りをやらない人には、ほとんど理解できないと思う。ここでは文章を読むのに不自由ない程度の最小限の解説を添付する。なお、（＊）のある用語は別項目に説明のあるものである。

〈ア行〉

アイゼン　登山靴に取り付ける金属製のカンジキ（スパイク）で、雪や氷に食い込んで滑り防止の役割を果たす。スパイク（爪）の多いものほど、滑りにくいが重くなる。通常は爪の数（8本爪など）でそのレベルを表す。本格的な冬山でも、昔は8～10本爪が標準であったが、最近では12本爪が標準になっている。

アブミ　階段の数が2～5段の短い縄梯子で、足場のないところでハーケン（＊）等に吊り下げて足場とする。こうした人工的手段によって登る方法を人工登攀（アーティフィシャルクライミング）という。

イグルー　エスキモーが作る氷の家のこと。日本では雪のブロックを積み上げて作る。ブロックが互いに凍りつくと意外に強固で、形状も半球形のため耐風性にも優れている。ただ作るのに時間がかかり、最近ではあまり作られないようだ。

右岸・左岸　川や沢の下流に向かって右が右岸、左が左岸という約束である。この「下流に向いて」ということがポイントで、間違うと右、左が逆転してしまう。

オーバーシューズ　冬山で靴の上から履く布製のシューズで、膝まである。昔の皮の登山靴では防水性、保温性が悪く、これは不可欠であった。最近は冬用登山靴の進歩により、特殊な場所でしか使われなくなった。

オーバーハング　岩場で傾斜が90度以上の覆いかぶさるような部分をオーバーハングという。実際は傾斜が単に90度以上の場合もあるし、庇状になっている場合もある。昔はほとんどの場合、人工登攀でしか登れなかった。

〈カ行〉

確保　岩登りなどでロープを結んだ相手、または自分が落ちないように方策を取ること。ビレー（＊）とも言う。自分自身が落ちないようにすることを自己確保（セルフビレー）という。

カラビナ　ロープを固定支点（ハーケンやボルトなど）に通すための道具で、金属製で環状の真ん中に開閉できる部分がある。

ガリー　岩壁に出来た溝で英語。独語のルンゼ（＊）も溝でどちらもあまり区別なく使われている。同じ独語でリンネというのも同じ意味。クラックは逆にもっと狭く、割れ目に近い。

キスリング　正確にはキスリング型のリュックサックである。昔、欧州のキスリング氏が作ったものが輸入され、この名前が付いた。キャンバス（帆布）製のリュックサックで長く代表的な大型ザックとして使われた。最近ではほとんど使われない。

キレット　岩尾根の峠状になったところ。なお小さな岩尾根の窪みはギャップという。また峠状の場所をコル、鞍部（馬のクラの部分）ということもある。

グリセード　残雪の上をピッケルでバランスを取りながら、靴の裏で滑り下る技術。

グリップビレー　カラビナ（＊）やピッケルにロープを回して2本のロープを握り締めることにより、ロープの流れに制動を加える確保技術。最近ではほとんど使われない。

クレバス　本来は氷河の割れ目であるが、日本では雪渓や雪面の割れ目をいう。

ケルン　石を積み上げた目印。

懸垂下降　ロープにぶら下がって岩壁を下降すること。アップザイレンともいう。

コル　尾根の窪んだ峠状の部分。エベレストのサウスコルなどが有名。

ゴルジュ　沢で両岸が迫った廊下状の場所。大抵水深は深く通過は困難である。

コンティヌアアス　連続登攀のことでロープを結び合ったものが同時に行動することをいう。

〈サ行〉

ザイル　独語のロープ。ノーザイルは本来ザイルを結び合ったほうがよいが、ザイルを結ばずに行くこと。
サブザック　キャンプ地から岩場の登攀や頂上の往復に使う小型のリュックサック。
シール　山スキーで斜面を登るために、スキーの裏に取り付ける帯状のもの。毛が一方向に向いて植えられているので、進む方向にはスキーを滑らせることができるが、逆には毛がブレーキになって滑らない。大昔はアザラシの毛が使われたのでシールと言われた。私がやり出した頃はすでに化学繊維に変わっていた。
ジャンダルム　主峰の前に立つ衛兵のような岩峰。奥穂高のジャンダルム、剱岳三ノ窓のジャンダルムが有名。ほとんど固有名詞になっている。
シリセード　尻セードのこと。雪が柔らかいとグリセード（＊）では足が埋まってしまって、快適に滑らないので、雪面に座り込んでお尻で滑ること。
スタカット　隔時登攀のこと。ロープを結び合い、一方が行動して他方が確保体勢に入り、これを交互に繰り返す登り方。通常のクライミングの登り方である。
スパッツ　靴の隙間から雪や泥が入らないように付けるカバー。通常は靴の上部から膝下まであり、雪に埋まる膝下の保温の面からも有効である。最近ではゲータという呼称のほうが若い人には馴染み深いようだ。
スノーブリッジ　谷間を埋めていた雪渓は中心部の底は水流によって溶けていき、前後の雪渓も崩壊するとちょうどアーチ状の雪の橋が谷の両岸に架かるようになる。
スラブ　一枚岩のこと。部分的な岩の形状のことだが、転じてほぼ一枚岩のような平板な大岩壁をいう場合も多い。一ノ倉沢烏帽子スラブなど。
雪洞　雪の斜面に穴を掘ってカマクラのようにすること。通常は斜面に横向きに掘る形式が多い。キッチリ作った雪洞は居住性も良く、数日間の使用にも耐える。
雪庇　セッピと読む。尾根の風下側には雪が吹き溜まる。一方風上側は風で雪が吹き飛ばされてあまり積もらない。

風下側に吹き飛ばされた雪は尾根の直下で庇のように成長する。大きなものでは10mにもなる。

〈タ行〉

高巻き 沢登りで滝やゴルジュ（＊）の難所が通過できない時に、両岸のどちらか簡単な斜面に登り上部の容易なところで斜面を横断して難所を通り過ぎ、再度斜面を下って元の沢床に戻る。このような登り方を高巻きという。

タープ テントの代わりに張る防水性のある布のこと。沢登りでは風が少ないので軽量化のために、テントを省いてタープだけで済ます場合も多い。

チムニー 岩壁のくぼみで煙突のようになっている形状。一般的には体が入るぐらいの広さのくぼみをいう。ここを登るため身体を入れて突っ張りながら摩擦を利用して登るような独特の登り方をチムニー登りという。

チョックストーン 石が岩の割れ目に楔のように食い込んだものをチョックストーンという。ボール大のものから家ぐらいのものまで様々である。

ツェルト 簡易なテントで非常に軽量、コンパクトに作られている。非常時の緊急露営に使われるが、荷物を軽量化するためにツェルトでの幕営を積極的に使う場合もある。

詰め（源頭） 沢登りで最後の稜線に出る部分。沢の源という意味で源頭とも言われる。

出合 二つの沢や谷の合流点。

出歯アイゼン 最近の本格的な冬山用アイゼン（＊）は全てこのタイプである。昔はアイゼンの爪は靴に垂直になるように付いていたので、靴の先端よりアイゼンの爪は少し引っ込んでいた。このためアイゼンを履いての冬の岩壁登攀では小さなスタンスに立つことは難しかった。アイゼンの爪が靴より前に出るようになって、アイゼンの性能は飛躍的に向上した。

デブリ 雪崩で落ちた雪の堆積。

テラス 岩場の中の平坦な場所。確保の場所としてもいざという時のビバーク（＊）の場所としても貴重。

テルモス 魔法瓶。

渡渉　川や沢を横断すること。通常は水に入ることになる。
トラバース　横断すること。通常、岩壁や山肌を横に移動することをいう。
トレース　通常は雪の中の人の通った跡。当然この跡を通ったほうが楽なので、そこが道になる。藪の中の人の通ったところは踏跡という。

〈ナ行〉

ナイフリッジ　ナイフの刃の上のような両側が切れ落ちた尾根。

鉈目（ナタメ）　昔は山仕事の人たちが道を示すために林の中の木の腹を鉈で削って目印とした。

ナメ（滑）　広い一枚岩のような沢床のことで、まるで舗装道路のような岩の上を流れ落ちる水は本当に美しい。この傾斜が急になると滝になるが、水が落ちるというより滑り台に水を流したような滝になる。これをナメ滝という。

〈ハ行〉

ハーケン　岩登りで岩の割れ目に打ち込む鉄片で、中間支点として滑落の防止や人工登攀の場合の手がかり、足がかりとして使われる。岩の割れ目のサイズに合わせてハーケンの厚みも変えなければならない。
ハーネス　岩登りに使う安全ベルト。これにロープを結ぶ。昔はこれがなく、直接ロープを身体に結んでいた。
バットレス　建物の壁の補強用に側面に柱を入れる方法をバットレスという。ここから転じて、いくつかの岩尾根を持つ岩壁をバットレスという。
バンド　岩場の中に出来た帯状の足場のこと。かろうじて足が乗るものから、歩いていけるような幅の広いものまで様々である。
ピッチ　岩登りで適切な確保ができる間隔を1ピッチという。当然ロープの長さが最大の長さになる。ただ通常の登山でも休憩の間隔を1ピッチと言ったりすることがある。

ビバーク　不時露営。事故などにより、予定せずに山で夜を明かす場合をいう。本来は状況により強いられたビバークという意味でフォースドビバークというのが正しい。

ビレー　岩登りで使われる「確保」のこと。

フィックス　ロープをハーケンや立ち木に固定すること。固定ロープ。

伏流　沢の水が土砂や岩の下を流れて地上には現れないこと。もう水がなくなったのかと思っても、しばらく行くとまた水流が現れる。

踏跡　藪の中やガレ場で人が通った跡。かすかに草が薄かったりして、慣れてくるとわかるようになる。なお、獣道は動物が通った跡。

へつり　沢登りで水流近くの岩場をトラバース（＊）して通過すること。

ボルト　岩場に穴を開けてそこに打ち込まれた中間支点。ハーケンは自然に出来た岩の割れ目に鉄片を打ち込むが、ボルトは人工的なので理屈上はどこにでも打てる。

ポンチョ　南米のインディオの着ている布に穴を開けたようなコートがあるが、この形をした雨具のこと。風の強いところでは雨が入り込んで雨具としての性能は良くない。

〈マ行〉

右俣・左俣　沢の分岐点で上流に向って右側の沢を右俣、左側の沢を左俣という。「上流に向かって」というところがポイント。右岸・左岸は「下流に向かって」である。

〈ヤ行〉　なし

〈ラ行〉

ラッセル　雪山で雪を踏み分けて道を作ること。急斜面では胸を超えることもあり、全身で泳ぐような形になることもある。重労働である。

ルンゼ　岩場の中に出来た溝をいう。同じような地形でガリー（＊）やリンネがある。日本ではあまり厳密に区別されていないようである。

ロープ　登山用の綱。ザイル（＊）。

〈ワ行〉

ワカン／わかん　雪に潜らないように足に付けるカンジキ。細いツタで作られた円形の物は平地が多い地方で使われる。山岳地では太めのツタで作った楕円形の形状で土踏まずあたりに滑り止めの爪が付いているものが使われている。山登りではこの山岳地用のものが圧倒的に使われる。最近ではツタを使ったものは、製作者が減り、アルミパイプ製のものが一般的になった。

戸田　祐一　（とだ　ゆういち）

1945年兵庫県芦屋市に生まれる。

市立山手小学校、灘中学、灘高等学校を卒業後、大阪大学基礎工学部機械工学科、同大学院を卒業。

1970年、住友電気工業株式会社に入社、横浜市に住むことになる。

光ファイバーの開発、事業化に従事し、1986年より5年間米国の子会社の副社長、社長を歴任。

帰国後横浜研究所長、光事業部長などを歴任し、2000年より子会社の住電ハイプレシジョン㈱の社長を10年間務める。

2011年、完全に仕事をリタイヤして故郷の芦屋市に転居。

山登りは灘中学のスキー登山部に入部して以降、現在まで60年間続けている。

リタイヤ後は認定NPO法人芦屋市国際交流協会の会長を経て、現在は顧問。

また、俳句を始めて現在に至る。ホトトギス同人、日本伝統俳句協会会員でもある。

日本基督教団港南希望教会を経て、現在、同神戸栄光教会会員。


いくつになっても山は楽しい　百名山をめぐる60年

2021年1月8日　第1刷発行

著　者　戸田祐一
発行人　大杉　剛
発行所　株式会社 風詠社
〒553-0001　大阪市福島区海老江5-2-2
大拓ビル5 - 7階
Tel 06（6136）8657　https://fueisha.com/
発売元　株式会社 星雲社
（共同出版社・流通責任出版社）
〒112-0005　東京都文京区水道1-3-30
Tel 03（3868）3275
装幀　佐竹宏美
印刷・製本　シナノ印刷株式会社
©Yuichi Toda 2020, Printed in Japan.
ISBN978-4-434-28444-1 C0075

乱丁・落丁本は風詠社宛にお送りください。お取り替えいたします。